쌀은 주권이다

쌀은 주권이다

발행일 2016년 2월 22일

지은이 윤석원
펴낸이 김재민

펴낸곳 도서출판 콩나물시루 　**출판등록** 제2015-000013호(2015년 7월 3일)
주소 경기도 화성시 향남읍 행정동로 62 1403-101호
홈페이지 www.congnamulsiru.kr 　**전화번호** 070-8225-6975
이메일 zm9419@congnamulsiru.kr

ISBN 979-11-957265-1-6 (04320)
　　　 979-11-957265-0-9 (SET)

교양을 쌓는 지름길, 도서출판 콩나물시루는 독자 여러분의 원고를 기다리고 있습니다. 많은 사람들과 공유하고 싶은 콘텐츠가 있으신 분은 zm9419@congnamulsiru.kr로 출판하고 싶은 글의 개요와 취지, 목차, 연락처 등을 함께 보내 주시면 검토 후 연락드리겠습니다.

WTO 출범부터 쌀시장 개방까지
윤석원 교수 칼럼집 1

쌀은
주권이다

윤석원 지음

쌀에 투자하지 않으면
우리 후손은 푸석푸석한 안남미를 먹어야 한다!

좋은땅서루

우리나라의 삼농三農과 함께한 교수님

WTO 태동을 앞둔 격정의 시기, 우리 농업은 현장과 정책의 괴리 속에서 불만과 투쟁의 연속이었다. 준비가 미흡했던 우리나라의 농정은 갑작스러운 국제 정세의 변화에 적응하는 시기를 갖지 못한 채 끌려갈 수밖에 없었다.

개방을 바라보는 농민의 생각은 단순하고 현실적이지만, 국가 농정은 앞으로 있을 개방이라는 큰 변화를 대비한 대책을 내놓은 것이었기에 그 방향은 미래지향적이라 할 수 있다. 이 같은 차이는 결국 농민들의 강한 불만으로 표출될 수밖에 없었고, 현실과 미래라는 긴 간극은 상호 불신이라는 악재를 낳고 말았다. 학교와 연구기관은 우리 농업과 농촌 그리고 농정이 당면했던 가장 큰 문제인 상호불신에 대한 중재와 함께 논리적으로 조정하는 역할을 맡았다. 윤석원 교수님은 이러한 현장과 정부와의 골이 더 깊어지지 않도록 조절하며 농민의 진심을 대변하는 역할을 해 주셨다.

문민정부 이래 우리나라 농업의 큰 변화를 시기적으로 나누어 보면 UR과 WTO 출범, FTA의 시작, 쌀관세화의 유예, 현재 타산업의 융복합으로 분류할 수 있다. 온실 속의 국내 농업이 농업수출국들의 압력에 의해 세계와의 점진적 경쟁으로 내몰리며 점점 더 농정과 농민의 갈등이 증폭될 수밖에 없었다. 바로 이 시기에 그 중재를 맡으시며, 농민에게 부족한 논리를 농민을 대신하여 만들어 주셨다. 당시 농업의 희생으로 시작된 우리나라 경제발전은 실물경제의 산업화에 집중되던 시기에 세계무역기구의 출범으로 말미암은 정부의 교섭력은 준비가 되어 있지 않았다. 특히 협상 과정에서 우리 농업에 대한 보호망이 전혀 준비가 안 된 상태에서 협상에 임할 수밖에 없었고 그 중요한 시기에 국가의 농업협상 기준의 토대를 윤석원 교수님을 비롯한 여러 학자들이 수행해 주신 것이다.

WTO 출범으로 인한 개방이 끝인 줄 알았는데, 2000년대 들어서 한·칠레 FTA로 시작된 국가 간의 자유무역 협상은 농업의 희생으로 시작되어 희생으로 끝날 수밖에 없는 협상이었다. 그러나 그 협상의 결과가 우려되었던 과수 산업이 오늘날 경쟁력이 회복된 것도 학교의 연구 성과가 가져온 결과인 점을 부정할 수 없고 그 중심에 교수님이 계셨다.

국민 주식인 쌀만은 개방하지 않겠다는 당시 김영삼 대통령의 호언장담에 따라 모든 품목을 관세화로 개방하며 유일하게 쌀만 관세화를 유예하였다. 우리 농업 정책의 틀은 자연스럽게 쌀을 중심에 두게 되었고, 농가의 소득 향상에 중점을 두었다. 학계에서 쌀에 관한 교수님의 권위는 당시 최고였던 것으로 기억된다.

교수님께서 농정의 주요 변환기마다 언제나 농민의 입장을 이해하고 대변하려 하신 이유는 농정의 주체가 농민이라는 철학에서 비롯된 것이다. 농정의 우선순위가 탁상에서 왜곡되는 것을 싫어하셨기에 우리나라 농업·농촌의 주체는 국가가 아니라 농민이라는 점을 늘 강조하셨다. 2010년 마지막 수업에서 강조하셨던 행동 경제학은 농업경제학 측면에서 보면 농업경제의 주체인 농민의 경제행위가 농업정책에 제대로 투영되지 못했다. 그 이유는 낡은 정치 속에서 우리나라 농민이 가질 수밖에 없는 특유의 심리적인 요인이 있음을 강조한 것인지도 모른다.

쌀관세화(시장 개방) 유예의 폐해를 예상하시면서 우리나라 농업의 마지막 자존심인 쌀을 지키려는 농민의 작은 소리에도 혹 놓칠 수 있는 점은 없는지 검토하게 한 것은, 끝까지 학술적인 논리보다 심리적인 농민의 현장소리를 지켜 주려는 배려가 있었던 때문이다.

쌀관세화 유예라는 주장에 농민과 함께하신 이유는 쌀을 개방에서 지키려는 농민의 생각도 이해하려 하셨지만 언젠가 개방해야 하는 시점을 예상하며 개방에 따른 준비를 하기 위함이었다. 이에 부족했던 정부 정책의 안일함에 늘 채찍을 가하셨던 기억이다.

두 번에 걸친 관세화유예 기간에 양곡정책의 변화에 크게 영향을 미치셨고, 생산자인 농민에게는 선택과 집중에 의한 쌀전업농이 탄생하였다. 농촌에는 경지 정리와 용수로 확보 등의 기반 조성이 현재에 이르러 우리 농업의 쌀 자급을 높이는 성과를 이루었다. 그러나 식량자급률을 걱정하셨던 교수님의 우려대로 정책의 쌀에 대한 집중은, 다른 식량 작물과 균형을 맞추지 못하고 오히려 현재에 이르러 쌀의 과잉 속에서 식량자급률이 역행하는 결과를 낳았다.

급격하게 돌아가던 FTA가 미국과의 협상 과정에서 농민이 주장하던 충분한 상호 검토를 통한 '선 대책 후 협상'의 기조에 반하여, 정부는 비밀 협상으로 밀실에서 처리하려고 했다. 그때 교수님께서는 정부의 비정상적인 행위에 대한 비판을 주저하지 않으셨다. 한 사례로 당시 대통령 후보였던 이명박 대통령의 선거대책 본부장을 맡아 우리나라의 대통령으로 당선시킨 장본인이지만, 정치적 직책에 연연하지 않고 일관되게 그 당시 가장 쟁점이었던 소고기 협상과 한미 FTA에 대해 농민의 생각과 함께

하셨다.

윤석원 교수님의 삶을 저의 관점으로 표현한다면 '농민 바라기', 우리나라의 농업 농촌 농민과 함께하신 우리 '농민의 스승'으로 기억됩니다. 학교에서는 제자와의 연구에 전념하셨고, 농업 현장의 논쟁 속에서는 농민과 늘 함께하신 교수님! 부족한 제자이지만, 퇴임식을 앞두고 교수님 가르침을 추억하며 감사의 글을 올립니다.

중앙대 일반대학원 산업경제학과 박사과정
한국쌀전업농중앙연합회 6대 중앙회장
홍준근

감사의 글 2

농업·농촌 문제와 관련해 답답할 만큼
본인의 철학과 양심을 지켜 온 학자

지난 21년을 같은 대학, 같은 학과에서 동고동락해 온 후배 입장에서 이번 2016년 2월에 명예퇴임을 하시는 윤석원 선배 교수님의 퇴임기념 칼럼집 발간과 함께 지난 21년을 회고하자니, 아쉬운 마음이 앞선다. 지난 몇 년 동안 윤 교수님은 정식퇴임 이전에 명예퇴직을 하시고 싶다는 생각을 여러 차례 표명하셨다. 그때마다 나는 만류하며 함께 좀 더 학교에 계시자고 설득을 하였으나, 결국에는 그 마음이 돌아서지 않으시고 퇴임을 2년 6개월 앞두고 명예퇴임을 신청하신 것이다. 젊은 후배들에게 길을 열어 주시고, 본인은 강원도 동해안 고향으로 돌아가서 농사일을 직접 해보시겠다는 마음의 결정으로 이렇게 빨리 퇴임을 하게 된 것이다. 평생을 불의와 타협하지 않으시고, 곧게 사시며 연구와 가르침에 열심히 해오신 윤 교수님의 성품이 반영된 결과이다.

윤 교수님은 곧은 성품으로 오직 농업·농촌 문제에 대한 외길 인생을 살아오셨고, 때로는 답답하게 느껴질 정도로 힘든 중에서도 본인의 철학과 학자의 양심을 지킨 학자라고 생각한다. 학교에서나 학교 밖에서나, 늘 원칙을 중요하게 생각하시고 지켜 오셨으며, 필요하신 것이 있어도 남에게 부탁도 잘 하지 않아서, 오히려 주변 사람들이 안타까워할 정도였다.

윤석원 교수님은 특히 우리 농업·농촌에 대해 그 누구보다도 열정과 함께 순수함으로 처음부터 퇴임에 이르기까지 한결같이 자신의 의견을 피력하고 행동한 학자이다. 쌀 박사라 불릴 정도로 쌀에 대한 남다른 애정을 보이셨고, 국내에서 쌀 문제에 대해서는 최고의 전문가라 감히 주장할 수 있다. 농산물 무역자유화에 대해서도 많은 연구를 통해 무역자유화의 문제점을 피력하고 적절한 대안을 제시하셨다. 최근에는 행동경제학에도 심취하서 강의와 연구를 통해 농업·농촌 문제에 대한 행동경제학의 응용을 시도했다. 이렇게 농업·농촌 문제에 대한 해결 방안 모색을 위해 지속적인 노력을 취해 오신 것은, 나뿐만이 아니라 윤 교수님을 아는 주변 지인들은 누구나 잘 알고 있는 사실이다.

윤 교수님은 지난 30여 년 동안 연구 및 교육자로서, 많은 책을 출간하시고, 많은 학술 논문도 발표하셨으나, 특히 언론 및 방송 출연을 통해 농업·농촌 문제에 대한 의견과 해법을 제시하여 오셨다. 이제 그러한 대외활동 중에서 신문지면에 칼럼으로 발표된 글을 모아서 퇴임기념 칼럼집을 만들기로 한 것이다. 이번 칼럼집 출간은 윤 교수님 제자들이 아이디어를 내고 진행한 것이다. 이것도 윤 교수님은 고사하셨으나, 제자들의 끈질긴 설득에 겨우 승낙을 하여 진행된 것이다.

이제 퇴임 후 윤 교수님은 강원도 양양에 거처를 마련하시고, 농사일과 함께 지역 농촌 발전에 힘을 모으기로 하셨다고 한다. 기왕에 고향에 내려가시기로 하셨으니, 아무쪼록 우리 농업·농촌에 대한 사랑과 열정, 그리고 그동안 쌓아 오신 경륜을 이제는 농업·농촌 현장에서 더욱 활짝 꽃피울 수 있기를 바란다.

항상 건강하시고 행복한 생활을 하시길 바라며, 그동안 곁에서 늘 든든한 힘이 되어 주신 윤석원 교수님께 다시 한 번 감사의 마음을 전합니다.

"감사합니다. 그리고 수고 많으셨습니다."

중앙대 경제학부 교수
이정희

1950년 발발한 민족의 비극인 6·25 전쟁이 막바지를 치닫던 1953년 8월, 강원도 양양의 한적한 바닷가에서 5남매 중 장남으로 태어났다. 고향은 바다가 있고, 산이 있고, 들도 있는 아름다운 곳으로 가난을 제외하곤 그 모든 것이 내 평생의 그리움으로 남아 있는 곳이었다. 그러나 상급학교에 가고 먹고 살기 위해 그곳을 떠나 도시로 올라갔다. 그곳은 기회의 땅이었고, 경쟁의 땅이었고, 치열한 삶의 현장이었다.

도시에 온 나는 1979년 대학을 졸업하고 한국농촌경제연구원을 거쳐 1988년 미국에서 농업경제학 박사학위를 마쳤다. 미국에서 귀국하였을 때만 해도 우리의 농업 농촌 농민을 위해 뭔가 할 수 있을 것이란 스스로에 대한 큰 기대를 품고 있었다. 연구도 하고 정책 대안도 제시하면 이 나라 농업발전에 뭔가 기여할 수 있으리라 가슴 벅찼었던 기억이 새롭다.

이제 30여 년간의 농업경제, 정책 분야의 연구와 제자양성이라는 교수로서의 직책을 내려놓고 연구의 대상이었던 농촌으로 내려가 직접 농부로서의 삶을 목표로 설정하고, 현장에서 바라본 농업 농촌 농민 문제를 미력이나마 조망하고 대안을 제시해 보려 한다. 그것이 후반부 삶의 목표이다.

고향인 강원도 양양으로 회귀하여 작은 과수원(양양로뎀농원)을 만들어 직접 농부가 되려 한다. 몇 년 전부터 준비하여 2016년 2월 현재 농지원부도 만들고, 경영체 등록도 하였으며, 농협 조합원으로 가입하기도 하였고, 친환경(유기)인증을 받기 위해 절차를 밟고 있다. 농부로서의 삶을 살아내기 위한 기초적인 준비는 한 셈이다.

연어는 온갖 풍파와 험난한 삶의 자리인 바다에서 수천수만 킬로미터를 헤엄쳐, 태어난 작은 강으로 회귀하여 알을 낳고 장렬히 생을 마감하는 어종으로 우리는 잘 알고 있다. 나도 이제 그동안 험난하였고 거센 삶의 자리였던 도시생활을 청산하고 연어의 고장인 양양의 작은 마을로 회귀하였으니 죽는 날까지 작은 알 하나라도 낳으면 얼마나 좋을까 생각해 본다.

사실 지난 40여 년 동안 특히 교수생활 30여 년 동안 나름대로 이것저것 많은 것을 했다. 인류가 직면하고 있는 식량, 자원문제와 기후환경문제를 정치 경제 사회학적 관점에서 연구하고 대안을 제시하는 중도성향의 농업경제학자라고 자부하기도 했다. 농업경제학, 행동경제학, 국제무역통상론, 사회경제학, 기후환경문명론 등을 가르치며 후학을 양성하기도 했다.

또한 농민단체나 시민단체와 함께 신자유주의에 저항하고, 농업 농촌 농민의 현장문제를 해결하기 위한 연구와 대안제시에 많은 고민을 했으며, 정책에 대한 평가와 비판도 게을리하지 않았다. 기후환경변화와 생태순환의 문제는 물론 비인간적인 물신주의의 만연에 따른 인간(농민)소외의 문제를 농업경제학자의 시각에서 연구하여 농업문명의 전환에 관한 연구도 시도하였다. 신문과 잡지의 칼럼니스트로서 우리 사회 농업 농촌 농민문제에 대한 올곧은 비판과 대안제시도 게을리하지 않았다고 생각한다. 그 업적으로 2005년에는 국민훈장 동백장을 수상하기도 했다.

중앙대 산업과학대학 학장(2005~2007)과 한국농업정책학회 회장(2008~2009), WTO 국민연대 상임집행위원장(2004~2005) 경실련 농업개혁위원회 위원장(2003~2007) 등을 역임하였다. 정부 정책자문활동도 활발히 해 왔으며 대통령 직속 농업 농촌대책위원회 제1분과위원장(2004~2006), 총리 직속 정부정책평가위원회 위원(2005~2007), 농촌진흥청 농업기술실용화재단 설립추진위원장(2008~2009) 등을 역임하기도 했다. 지금은 사회적 기업인 푸드포체인지(사) 이사장, 대산농촌재단(재) 이사, 한국농식품유통공사 경영자문위원회 위원장을 맡고 있다.

그럼에도 불구하고 이 땅의 농업 농촌 농민 문제는 해결될 기미는 보이지 않고 40여 년 동안의 그 수많은 연구와 교육이 나의 안위만을 위한 것이 아니었는가 하는 수치심과 아쉬움이 먼저 뇌리를 스친다.

우리의 농업 농촌 농민의 현실은 날로 참담해지고 있다. 농촌엔 젊은이들은 점차 줄어들고 아이들 울음소리가 그친 지 오래되었고, 연로한 어른들이 농촌을 지키고 있어 생기를 잃은 지 오래되었다. 일 년에도 수십 개의 마을이 사라져 가고 농사지을 땅은 하루가 다르게 줄어들고 있다. 쌀을 비롯한 모든 작목의 재배면적은 지속적으로 감소하고 있고 자급률은 곤두박질치고 있다. 경자유전의 헌법 정신은 훼손된지 오래고 정작 농민에게 필요한 농지는 절반이 부재지주의 것이요, 수도권은 80%가 넘는다. 농민들의 삶은 나날이 힘들어지고 있다. 도시근로자 소득의 60%대에 머무르고 있다.

이런 상황임에도 농업 농촌 농민에게 촉수를 뻗어 피를 빨아먹는 기생충이 나를 포함하여 한둘이 아닌 것 같다. 한 줌도 안 되는 고소득 농업이나 농민이 우리 농업의 미래이고 성장동력인 것처럼 현실을 호도하고, 얇은 상술로 소비자를 현혹하여 물건이나 팔아먹는 것이 무슨 대단한 마케팅인양 호도하지는 않았는지 모르겠다. 벤처농이니 강소농이니 하여 본질에는 접근할 생각조차 하지 못하는 자들도 있다. 얄팍한 전시행정으로 권력자와 국민을 현혹하여 일신의 출세만을 일삼는 자들이 활개를 치고 있다. 이들 모두가 그야말로 기생충이 아니고 무엇인가.

이런 유형의 기생충 말고도 또 다른 유형의 기생충들도 있다. 농업 농촌 농민을 위하는 척하면서 자리나 탐을 내고 눈먼 돈이나 쫓아다니는 자들을 일컬음이다. 평생을 농업관련전공 교수나 연구원으로, 고위 공직자로 지내고 은퇴한 다수의 농업계 원로들에게 경의를 표한다. 그런데 이들 중 일부가 은퇴 후에도 적당히 정부와 관련부처의 눈먼 돈이나 챙기고 자리나 들여다보고 앉아 있는 행태야말로 백해무익한 기생충과 다름없다.

연구나 정책개발은 현직에 있는 공직자나 연구원, 학자들이

하면 된다. 은퇴한 이후에도 내가 아니면 안 된다고 착각할 필요가 없다. 그렇게도 농업 농촌이 소중하다고 평생 외쳤으면 도시에 앉아 기생충 노릇이나 하지 말고 은퇴한 이후에라도 농촌으로 들어가는 것이 옳다. 눈먼 돈이나 자리가 아니라 진정 우리의 농업 농촌 농민과 함께하며 이들을 격려하고 이해하며, 그 중요성을 알리는 일에 헌신하는 것이 현직에서 나온 자들이 해야 할 일이라고 생각했다.

무엇보다 우리의 농정에는 언제부터인가 '농민'이 없다. 농업 농촌 문제를 해결하기 위해서는 농민이 어떤 고통을 당하고 있는지를 살펴야 하고, 그들이 원하는 것이 무엇인지, 왜 그런 것을 요구하는지를 겸허하게 듣고 경청하는 것이 최우선이어야 한다. 농민 없는 농업 농촌은 의미가 없기 때문이다. 시장 개방을 위한 각종 FTA와 TPP 등 물밀듯이 몰려오는 개방화 시대에 우리 농민들의 고민과 아픔을 보듬고 신명 나게 국민의 먹을거리를 생산케 할 것인가는 생각하지 않는다. 앞장서서 쌀시장을 개방해야 한다고 여론몰이를 하는가 하면, "경쟁력을 제고시켜라!", "벤처농민을 닮아라!", "규모화하라!", "생산비를 줄여라!", "좋은 품질의 농산물을 생산해라!", "6차산업으로 발전시켜라!"라는 둥 저들에게는 하기 쉬운 말만을 묶어 정책이랍시고 내놓고 있지 않은가. 이는 다수의 농민은 안중에 없는 처사이다.

산업으로서의 농업만을 생각한다면 그것은 이미 농정이라

할 수 없고 산업정책일 뿐이다. 자본과 경쟁의 논리만이 활개칠 뿐이다. 농민이 빠진 농정이라면 농정당국이 존재할 이유가 없다. 산업정책당국만 있으면 된다. 우리의 경우 지식경제부나 기획예산처만 있으면 된다는 의미이다. 농정당국이 존재하는 이유는 농민이 있기 때문이고 그래서 농민이 없는 농정은 이미 의미가 없다.

또한 우리의 농정당국에는 상품으로서의 농산물만 있을뿐 농업 농촌 농민에 대한 종합적인 문제의식이 없다. 농업 농촌 농민 문제를 자동차, 전자제품과 같은 상품의 문제로 인식할 뿐이다. 우리 시대의 농업과 농촌, 농민 문제에 대한 치열한 문제 인식이 없다는 것이다. 시장 개방만이 유일한 살길인양 국민을 우롱하는 정부와 집단에 저항하여 농산물의 조건 없는 개방을 결사반대하는 것은 농산물이 그냥 단순한 상품이어서가 아니라 농업 농촌 농민 문제의 심각성을 고민하기 때문이다. 또한 농산물의 시장자유화와 개방은 식량으로서의 농업부문 뿐만 아니라 농업 농촌의 다원적 기능과 돈으로 환산할 수 없는 가치, 그리고 식량주권 등을 고려한 총체적 고민이기 때문이다.

이제 우리의 농정당국은 모든 농정의 핵심은 농민임을 철저하게 인식하기 바란다. 농민의 문제를 가운데에 놓고 농업 농촌 문제를 고민하기 바란다. 그렇지 않으면 언젠가는 농식품부가 사라질 수도 있음을 자각해야 한다. 특별히 존재해야 할 가치가 없기 때문이다. 우리는 우리의 농식품부가 영원히 존속되기를 바랄 뿐이다.

그리고 무엇보다 인생 전반부는 농업 농촌 농민에 빌붙어 피와 영양분을 빨아먹으며 살았던 기생충이었다면 이제부터는 고향 양양으로 귀향하여 '양양로뎀농원'에서 농사지으며 살아가는 인생 후반부에는 직접 농부가 되어 소박하게 살아 내려 한다.

그렇다고 하여 학자로서의 문제 제기나 연구에 게을리할 생각은 추호도 없다. 죽는 날까지 당당하게, 소박하게, 그리고 담담하게 농부이자 학자의 삶을 살아내려 한다. 기생충이 아니라 성숙한 성체로서 자연스럽게 살아 보고 싶을 뿐이다. 알 하나라도 낳고 가야 되는데….

본 칼럼집은 15여 년(2001~2015) 동안 기고했던 시사칼럼 중 쌀과 관련된 부분만 따로 엮어 『쌀은 주권이다』라는 제목으로 내놓으려 한다. 부끄러워 출판하려 하지 않았는데, 그래도 아쉽다고 제자들이 이를 출판하게 해 주었다. 이 자리를 빌려 심심한 사의를 표하고 싶다. 여러분, 너무나 고맙습니다!

2016년 2월
양양로뎀농원에서
농부 윤석원

contents

1부
쌀은 우리에게 무엇인가

2부
쌀시장 개방

3부
쌀 어떻게 할 것인가

4부
식량위기와 식량전쟁

1부

쌀은 우리에게 무엇인가

쌀은
주권이다

우리 조선족이 거주하고 있는 중국의 동북삼성(만주)지역을 여행하다 보면 어김없이 벼농사를 짓고 있는 풍경을 목격하게 된다. 우리의 6, 70년대를 연상케 하는 논이며 황소며 옹기종기 모여 사는 한국적 초가집이며, 이 모든 것이 우리에게 너무나도 친근하다.

왜 저들은 이역만리 먼 나라 만주 벌판까지 와서 벼농사를 짓지 않으면 안 되었을까. 만주 벌판은 원래 밀이나 콩을 주로 재배하는 밭농사 지역이었고, 기후적으로도 추운 곳이라 벼농사에는 그리 적합한 지역이 아니었는데 왜 그랬을까. 중국 사람들처럼 그냥 빵을 먹고 살 수는 없었을까. 우리 민족은 어느 곳에 있든지 벼농사를 지으며 '쌀'을 먹고살아야만 하는 민족이기 때문이 아닐까.

쌀에는 두 가지 종류가 있는 데 하나는 우리의 주식인 동글동글하고 윤기가 흐르는 '자포니카 타입'이 있고, 다른 하나는 길쭉길쭉하고 푸석푸석한 '인디카 타입(안남미)'이 있다. 이 지구 상에서 자포니카 타입의 쌀을 생산하여 주식으로 하는 나라는 우리나라와 일본밖에 없다. 전 세계의 쌀 교역량도 95% 이상이 인디카 타입이다. 만약 우리의 쌀농사 생산기반이 완전히 무너진다면 우리 국민이 1년간 소비하는 쌀이 약 500만 톤인데 외국(미국, 호주, 중국 등)에서 수입해 올 수 있는 자포니카 쌀은 통틀어야 300만 톤 정도에 불과하다. 따라서 우리는 자포니카 타입 쌀의 생산에 총력을 기울일 수밖에 없었고 생산기반을 유지하기 위해 많은 수고와 비용을 지불하였다. 부족하면 언제든지 국제시장에 나아가 사올 수 있는 것이 아니기 때문이다.

사실 자포니카 타입 쌀은 우리의 주식이면서도 1970년대 말에 이르러서야 겨우 모든 국민이 일 년 내내 쌀밥을 먹을 수 있게 되었으며 그 이전까지만 해도 항상 부족한 것이 쌀이었다. 이제 그 쌀이 생산은 유지되나 소비가 줄어들게 되어 재고가 쌓이게 되자 가격이 크게 하락할 것이 우려되는 금년 가을 상황을 맞이하고 있다.

쌀 공급량이 많으면 가격이 하락하는 것은 당연한 시장원리이고 그렇게 되면 농가소득은 감소할 수밖에 없는 것이며, 그러니 농민 스스로가 생산을 조정하던가 책임질 일이므로 시장 기능에 맡기면 되는 것이 아니냐고 주장할 수도 있다.

그런데 그것이 그렇게 간단치 않고 쉽지 않다는 데 문제가 있다. 몇 가지만 지적하면 첫째, 아직도 농가의 경우 쌀에서 얻는 소득이 농업소득 중에서 절반을 차지하고 있어 쌀농사에서 소득이 많이 감소하게 되면 쌀 농업은 급속하게 위축될 우려가 있으며 그것은 바로 한국농업 전체의 위기로 연결될 수 있기 때문에 시장원리에 맡길 수만은 없다는 점이다.

둘째, 농민들은 해방 이후 지금까지 생산에서부터 유통 판매에 이르기까지 온갖 정부통제와 간섭을 받아 왔기 때문에 쌀농사를 자유의지대로 지어 본 적이 별로 없다. 따라서 정부의 대책을 요구하는 것도 무리가 아니라는 사실이다.

셋째, 쌀시장을 시장경제원리에 의하여 움직이도록 하려면 원칙적으로 생산요소인 농지에 대한 각종 규제도 풀어야 하는데 그것은 난개발과 투기의 원인이 될 뿐만 아니라 농토가 거의 사라질 수도 있어서 식량안보 차원에서도 농지에 관한 규제를 함부로 풀 수는 없다는 사실이다.

이처럼 섣불리 시장 기능에 맡길 수 없는 복잡하고 어려운 쌀 문제를 해결하는 방법은 없을까. 우선은 다수확 위주의 양곡정책에서 양질미 정책으로 전환하여야 하고, 쌀의 민간유통조직을 육성 지원하며, 직접지불제 등을 통하여 농가소득을 보전해 주는 등의 대책이 필요하다. 그러나 무엇보다 중요한 것은 '자포니카 타입 쌀'을 먹고 살 수밖에 없는 것이 우리 민족이며, 쌀 농업은 우리 민족과 영원히 함께할 수밖에 없으므로 보호, 육성, 유지되어야 한다는 국민적 합의와 공감대 형성이라고 생각된다. 그것은 결국 투자이며 관심이다. 그래야만 문제를 해결할 수 있으며 그렇지 않을 경우 먼 훗날 우리의 후손들은 식량주권을 외국의 손에 넘겨 준 선조들을 원망할지도 모른다.

[조선일보 시론, 2001]

쌀과 식량안보,
식량주권

최근 자고 일어나면 쌀, 콩, 옥수수, 밀 등 국제곡물가격이 치솟고, 세계 곳곳에서 전쟁에 버금가는 식량파동이 일어나고 있다는 소식을 접한다. 이렇게 곡물가격이 폭등하는 이유는 알려진 대로 중국이나 인도 등과 같은 신흥공업국의 경제가 급격히 성장하는 데 따른 곡물수요의 증가, 지구 온난화로 인한 기상이변으로 곡물 생산량의 감소와 재고 부족, 곡물을 원료로 하는 바이오 에너지 생산, 유가의 폭등 등이 그 요인이다.

그런데 식량파동으로 소요가 일어나 국가 전체가 혼돈 속으로 빠져 들어가고 있는 나라들을 보면 아프리카 대륙의 이집트, 수단, 카메룬, 세네갈, 모리타니 등과 아시아 대륙의 필리핀, 인도네시아, 아랍에미리트연합(UAE), 예멘, 중국, 홍콩, 인도 등, 그리고 남미대륙의 아르헨티나, 페루, 멕시코 등 대부분 개발도상국이거나 제3세계 국가들이다. 왜 이런 일이 유독 후진국이나 개도국 등에서 주로 발생하는 것일까. 그것은 농업이라는 산업의 특성상 정부의 지원이나 투자 없이는 근본적으로 존립할 수 없기 때문이다. 이들 국가 대부분은 재정상태가 열악하여 농업부문에 투자하거나 지원할 여력이 없다. 그렇다 보니 농업부문은 아예 사라졌거나 쇠퇴하고 있기 때문이다.

이에 반해 미국이나 유럽, 캐나다, 호주와 같은 소위 선진국들은 식량파동을 겪지 않고 있다. 이들은 탄탄한 재정을 바탕으로 막대한 투자와 보조정책으로 농업이라는 산업을 유지해 나가고 있기 때문이다. 미국 쌀 농가소득의 약 70%가 보조금이고 EU농가 소득의 약 절반 이상이 각종 명목의 보조금에 의존하고 있다는 사실은 잘 알려지지 않았다. 이들 선진국의 농업 농촌 부문 경쟁력이라는 것은 사실 이러한 정책적 지원의 산물이다. 따라서 식량을 수출할 수 있는 나라는 대부분 이들 선진국들뿐이다. 그들은 자국의 식량안보와 식량주권을 확보함은 물론 세계 식량 공급의 패권을 꿈꾸는 원대한 계획을, 자국의 거대한 다국적 곡물메이저들과 함께 차곡차곡 진행하고 있다. 다만 드러나지 않을 뿐이다.

이런 세계적인 식량위기 상황에서 그나마 우리나라가 사회 경제적으로 비교적 안정되어 있는 것은 주식인 쌀 만큼은 거의 자급을 달성하고 있기 때문이다. 사실 1993년 우루과이 라운드(UR) 협상이 타결된 이후 우리 농산물 시장은 모두 개방되었다.

그러나 쌀 만큼은 2014년까지 개방하지 않기로 국제사회에 두 차례(1993년과 2004년)나 약속하고, 그 대신 매년 소비량의 약 2~8% 씩 의무적으로 수입해 주기로 했다. 지금과 같은 개방화 시대에서 쌀시장을 20여 년이나 개방하지 않고 있는 나라는 우리 말고는 없다. 그래서 국제사회는 물론 국내적으로도 상당한 비난을 감수해야만 했다. 그런데도 개방 시기를 최대한 늦추고 있는 것은 우리의 식량안보 또는 식량주권을 염두에 둔 것이었다. 쌀을 제외한 사료용 곡물자급률은 5%도 안 되기 때문이다. 지금 우리는 축산 농가들과 서민들이 고통을 당하고 있긴 하지만, 세계적으로 몰아치고 있는 식량위기의 강풍을 그나마 견뎌 내고 있는 중이다.

개방화 시대를 사는 우리로서는 모든 먹거리를 자급할 수야 없겠지만, 농업이라는 산업을 꼭 경쟁력과 효율성이라는 경제논리만으로 접근할 수는 없고, 그렇게 하는 선진국도 없다는 사실을 명심해야 한다. 농업부문의 경쟁력 제고를 위해 뼈를 깎는 노력을 해야 한다. 하지만 경쟁력 제고만으로 농업이 존립하는 나라는 없다는 사실을 간과하지 말아야 한다. 최대한 국내 농업생산기반을 유지하면서 농민뿐만 아니라 우리 모두에게 소중한 민족의 자산인 쌀, 농업, 농촌을 함께 지켜나가야 한다. 그것이 식량안보와 식량주권, 그리고 다음 세대를 위하는 길이기 때문이다.

[조선일보 시론, 2008.04.10.]

누구를 위한
농업의 미래성장산업화인가

최근 투자의 귀재라는 짐 로저스가 서울대 MBA 강연에서 '농업이 미래 유망한 산업이 되리라'라고 했다고 하여 농업계에서는 무척 고무되어 있는 모양이다. 모 군수는 공감 콘서트까지 열었다고 한다. 일부 신문을 제외한 대부분의 농업계 언론들은 대서특필하기도 했다. 급기야 우리의 농식품부마저도 대통령 업무보고에서 이 말을 인용하였을 뿐만 아니라 농식품부 홈페이지 금년도 업무계획 첫머리에 아직도 이 말을 올려놓고 있다.

그런데 과연 그가 한 말의 진정한 의미를 제대로 파악하고 있는지 의문이다. 평생을 돈으로 돈 먹기만을 잘하여 돈을 번 자의 말 한마디가 한나라 정부의 농업정책 방향에까지 그토록 영향을 미칠 정도로 중요한 말일까. 평생을 농업 농촌 농민을 위하여 헌신한 인사들의 애정 어린 충고나 권고는 한마디도 귀담아듣지 않으면서 '돈으로 돈 번 자', 다시 말하면 이 시대의 종말을 고할지도 모를 자본의 속성만을 평생 추구한 자의 말 한마디가 그렇게 뼈에 사무치도록 의미 있는 말일까? 씁쓸할 뿐이다.

그의 농업 가능성이라는 것은 철저하게 자본의 논리로 본 돈 되는 산업이 될 수 있다는 의미이리라. 설사 그의 말대로 농업이 큰돈이 되는 산업이 될 수 있다 하더라도, 물론 돈을 버는 주체는 다수의 농민이 아니라 일부 자본에 의한 농업이 가능한 나라와 대규모 농업을 할 수 있는 농민임은 말할 나위가 없다.

인류의 기아문제가 자본의 논리에 의한 농업 성장만으로 풀리지 않음은 수십 년간 지속된 개방화, 세계화가 몰고 온 현실을 보면 금방 알 수 있지 않은가. 역설적으로 농업이 돈 되는 산업이 되면 될수록, 소위 성장을 하면 할수록 인류의 식량문제는 해결이 요원하여진다. 대규모 고투입 에너지 농업, 기계화 농업, 규모화 농업만이 성장하여 살아남는다면 과연 인류의 식량문제가 해결될까. 농업 농촌의 본질적 가치, 다원적 기능 등은 어떻게 될까.

농업 농촌이 존재해야 하는 이유와 70억 인류의 식량문제와 지구환경문제 등을 염두에 둔다면 농업이 미래유망산업이 되리라는 짐 로저스의 언급은 자본의 논리만을 강조한 지극히 이기적이고 편협한 단견임을 알아야 한다.

그런데도 한술 더 떠 우리의 정부는 금년도 농식품부 업무계획에서 2015년을 농업의 미래성장산업화 원년으로 선포하고 있다. 농업과 같이 다원적 기능이니 하는 것이 없는 공업 분야에서도 금년도 박근혜 정부의 창조경제 구현을 위한 신성장산업에 100조 규모를 투입한다고 밝힌 것에 대해 우려의 목소리가 크다. 그런데 공업과는 확연히 다른 농업마저도 신성장산업 운운하며 농정의 기본방향으로 설정한 것은 그야말로 보여주기식, 아니면 아부용, 아니면 권력과 자본의 주변에 빌붙어 목숨을 비틀어 메고 사는 아첨배들의 작태가 아닌지 모르겠다.

경제성장이라는 것이 도대체 누구를 위한 성장인가 하는 점이다. 대다수 국민과 아무런 상관이 없는 국가경제의 성장이 무슨 의미가 있겠는가. 1% 인간들을 위하여 성장해야 하는가. 재벌들만 성장하고 돈 많이 벌면 되는가. 토마 피케티(Thomas Piketty)의 지적이 아니더라도 이 시대의 자본주의는 우리 모두를 위한 시스템이 아니지 않은가.

농업도 마찬가지이다. 농업이 산업으로서 소위 성장할 수 있다면 그 자체를 막을 필요는 없을 것이다. 문제는 그 성장이라는 것이 누구를 위한 성장인가 하는 점이다. 일부 엘리트 농민, 경쟁력 있는 농민, 규모화된 농업만을 추구하는 것이 과연 농업 농촌 농민 정책의 핵심이어야 하는가.

어느 정권을 막론하고 농업이 미래의 신성장산업이라고 농민과 국민을 더 이상 호도하지 말기 바란다. 농정의 핵심은 기본에 충실해야 한다. 그것은 안전한 식량의 안정적 확보, 농업 농촌의 다원적 가치 제고, 농민의 소득안정과 삶의 질 향상이어야 한다. 책임 있는 자들이 아첨배니, 매농노니, 기생충이니 하는 소리를 듣지 말아야 하지 않겠는가.

[농정신문, 2015.01.26.]

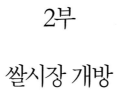

2부

쌀시장 개방

쌀 관세화에 의한
개방 옹호론의 오류

1993년 타결된 UR 협상에서 쌀은 10년간 관세화유예조치를 받았고, 그 유예조치의 연장 여부에 대한 협상은 2004년 1월 1일부터 12월 31일까지 하게 되어 있다. 관세화를 계속 유예할 경우 최소시장접근물량(MMA)은 현재의 4%에서 그 이상으로 늘려야 함은 물론이다.

그런데 최근 일부에서는 관세화유예보다는 차라리 관세화에 의한 개방이 더 유리하다는 주장을 서슴없이 하고 있다. 그 이유로는 첫째, 일본이 이미 1998년에 쌀 관세화를 단행하였다는 사실, 둘째, 뉴 라운드의 추세가 이미 설정되어 있는 관세마저도 낮추게 되어 있는 상황에서 관세화유예는 사실상 불가능하다는 예단, 셋째, 실제로 관세화가 더 큰 농가소득지지 효과가 있기 때문이라는 것이다. 이런 주장의 오류를 지적해 보자.

첫째, 일본이 1999년 관세화에 의한 쌀 개방으로 전환한 것은 일본 정부의 면밀한 정책도입과정이 있었다. 1997년에 이미 도작경영안정대책을 중심으로 '신미정책'을 도입하여 농가소득안정장치를 마련하였으며, 1998년에는 MMA 물량의 10~20%를 SBS 방식(동시매매입찰방식)을 통해 외국쌀을 수입하여 봄으로써, 국내 쌀과의 경쟁관계에 있는 수입쌀의 관세액 수준에 대한 추정이 가능하게 되었다는 사실이다. 그리고 1,100%에 이르는 고율의 관세율을 적용할 수 있었고, 거기에다가 1996~1998년 3년간 쌀 MMA 물량은 154만 톤에 달하였으며, 1971년부터 시작된 생산조정에도 불구하고 1998년 10월에는 국내산 쌀 재고가 370만 톤에 이르렀고, 전체 논 면적의 36%에 해당하는 96만ha에서 생산조정이 실시되고 있는 상황이었기 때문에 일본은 관세화에 의한 개방으로 전환한 것이었다.

그러나 우리는 농가소득안정장치도 제대로 도입되지 못하고 있으며, 가능한 관세율 적용도 400% 내외에 불과하고, 재고과잉으로 생산조정을 실시하는 단계는 아니기 때문에 일본이 관세화에 의해 개방할 수 있었던 여건과는 판이하다.

둘째, 대부분의 연구결과에 의하면 어떤 경우에도 관세화유예가 관세화의 경우보다 유리하다는 것을 보여 주고 있다. 예컨대 관세화는 시간이 지날수록 보호효과가 급격히 떨어지며, 만약 국제가격이 10% 낮아지면 MMA를 20%까지 늘려도(현재는

2004년까지 4%) 관세화유예방식이 보호효과가 더 높은 것으로 추정한 연구도 있다.

셋째, 관세화의 경우 얼마만큼의 물량이 수입될 것인지에 대해 전혀 예측할 수 없기 때문에 생산자의 영농행위가 매우 불안할 수 있다. 그러나 MMA는 수입되는 양이 매년 정해져 있기 때문에 예측이 가능하다는 점에서 농민에게는 유리하다.

넷째, 처음에는 400% 내외의 관세를 부과할 수 있지만 매년 이를 낮추어야 하기 때문에 중장기적으로는 쌀의 전면 개방이 불가피해 우리의 쌀 산업은 해체적 위기를 맞이할 가능성이 크다.

이상에서 살펴본 바와 같이 더 이상 관세화에 의한 개방이 유리하다는 주장은 현 단계에서는 의미가 없다. 따라서 2004년의 협상에서는 관세화유예를 위해 최선의 노력을 다해야 한다.

[농민신문, 2001]

네 가지
고려 사항

바야흐로 농산물시장개방의 마지막 보루인 쌀 재협상이 금년에 시작된다. 협상이야 상대가 있는 것이므로 우리의 주장이 100% 관철될 수만은 없을 것이다. 문제는 그 협상을 준비하는 과정에서 어떻게 국민적 공감대를 형성하고, 대책을 마련할 것인가가 더 중요하다. 이를 위해서는 무엇보다 먼저 쌀 재협상이 우리 농민들만을 위한 협상이 아니라 우리 국민 모두, 나아가서는 국가와 민족 전체의 문제라는 인식을 공유하는 것이 중요하다. 쌀 문제는 사실 농민만의 문제가 아니다. 그것은 지금까지도 그렇고 앞으로도 영원히 그럴 수밖에 없다. 우리의 주식인 쌀 문제는 국민 모두의 문제일 수밖에 없기 때문이다. 쌀, 즉 주곡의 문제가 우리 농민들만의 문제인 양 축소하여서는 협상에서나 국내 대책수립이 제대로 될 수 없다.

둘째로는 협정문의 해석에 지나치게 구애받지 말고 협상 그 자체에 최선을 다하자는 것이다. 협정문, 특히 국제협정문은 일반적으로 그 해석이 명쾌하지 못하여 이렇게 해석할 수도, 저렇게 해석할 수도 있다는 것이 국제통상법학자들의 공통된 의견이다. 이는 UR 협정문 부속서 5항에 대한 해석에서, 하나는 2004년 12월 말까지 협상이 타결되지 않으면 자동으로 관세화로 간다는 해석과 그렇지 않다는 해석 등이 가능한 것으로 보인다. 이는 어느 방향으로의 해석도 오류가 있을 수 있음을 의미한다. 따라서 협정문의 해석을 어떻게 하는가의 문제보다 더 중요한 것은 협상 그 자체라는 사실이다. 협상을 진행하여 가는 과정에서 관세화냐, 관세화유예냐, 2004년 12월 31일 지나면 어떻게 할 것인가 하는 점들이 협상 과정에서 그야말로 협상에 의해서 결정될 수밖에 없을 것이기 때문이다.

셋째로는 관세화와 관세화유예 중 어느 것이 더 유리할 것인가에 대한 판단은 수치상으로 어느 것이 조금 더 유리하고 불리할 것인가가 아니라 장기적으로 민족과 함께할 수 있는 식량의 안정적 확보라는 큰 틀에서 판단되어야 한다는 사실이다. 고율의 관세화로 가면 외국쌀이 수입되지 않을 것으로 판단했지만, 오히려 관세를 지불하고도 고가의 쌀이 수입되어 국내 쌀 가격이 폭락하는 경험을 한 대만의 경험을 유념해야 한다.

넷째로는 국내 대책이다. 사실 무엇보다 협상의 결과와는 상관없이 국내 정책이 중요하다. 협상의 결과를 예의 주시하면서 대책을 세워야 함이 옳다. 그러나 그보다 더 중요한 것은 협상의 결과가 어떻게 되던 국내 쌀 공급목표를 설정하고 이와 관련된 농지의 적절한 보전을 어떻게 할 것인지에 대한 방향과 비전을 먼저 설정해야 한다. 미래에 대한 예측이 어려운 상황에서 그것이 매우 어려운 작업이지만 그렇기 때문에 더욱 그 어려운 작업을 우리는 해야 한다. 진정 우리의 쌀 농업이 민족과 함께하기 위서는 말이다.

[농수축산신문, 2003.12.13.]

쌀 협상과
선택의 시간

연초부터 시작된 쌀 협상이 이제 막바지에 접어든 느낌이다. 미국 중국 등 9개국과 벌이고 있는 쌀 협상의 주요쟁점에 대한 타협안이 어느 정도 가시화되고 있는 듯하다. 우리가 주장하는 관세화유예의 조건으로 관세화유예기간은 10년 정도로 하고 의무수입물량은 10년 후인 2014년에 8% 내외, 그리고 소비자 시판물량은 10~30% 정도인 것으로 파악된다. 다만 협상국들은 자국산 쌀의 한국 시장 점유율을 높여 줄 것을 요구하고 있는 것으로 보인다.

이제 선택의 시간이 다가오고 있다. 첫 번째 선택은 관세화유예이다. 쌀 재협상의 목적이었기에 두말할 필요가 없다. 문제는 상대국들의 요구조건인데 그 요구조건을 바라보는 시각이 사회의 주체마다 차이가 크다는 데 문제의 어려움이 있다. 농민단체와 국회의원들은 그 요구조건이 과하여 그대로면 우리의 쌀 농업은 심각한 타격을 받기 때문에 받아드릴 수 없다는 것이고 한 발 더 나가 아예 협상을 중단하고 다시 협상하라고 주장한다. 그에 반해 경제 관련 연구단체들은 그 요구조건으로 관세화유예를 하느니 차라리 관세화 개방이 더 유리하다는 주장을 펴고 있다. 그뿐만 아니라 학계에서도 의견일치를 보지 못하고 있는 것이 현실이다.

바꿔 말하면 무엇이 정확한 판단인지를 내리기가 매우 어려운 상황임에는 틀림없다는 것이다. 그런데도 선택의 시간은 다가오고 있다. 상대국들이 요구하는 현재의 수준을 받아드리고 관세화유예를 선택할 것인가, 아니면 차라리 관세화를 선언할 것인가, 상대국들의 요구가 지나치게 과함으로 협상의 결렬을 선언하고 처음부터 다시 협상하던가 아니면 분쟁으로 가는 것을 기정사실로 할 것인가 등 선택의 가능성은 여러 가지가 보인다.

그런데 문제는 어떤 선택을 하는 것이 가장 유리한지 아니면 불리한지를 판단하기가 매우 어렵다는 사실이다. 누구도 자신 있게 주장하고 그 주장의 결과가 최선이라고 얘기할 수 있는 근거의 제시가 매우 어렵다는 데 어려움이 있는 것이다.

상대국들이 요구하는 현재의 수준을 받아드리고 관세화유예를 선택할 경우 2014년에 도입해야 할 의무수입물량이 소비량의 8%인데 이는 1988~1990년의 쌀 소비량을 기준으로 하고 있어서 15년여 후의 쌀 소비량을 기준으로 한다면 15% 내외의 쌀을 의무적으로 수입해야 하기 때문에 엄청난 부담이 될 수 있다.

차라리 관세화를 선언하는 것도 관세 감축 폭이나 속도 등을 알 수 없는 상황에서 중장기적으로 쌀 농업에 미칠 효과를 현 단계에서 예측한다는 것은 거의 불가능하다.

상대국들의 요구가 지나치게 과함으로 협상의 결렬을 선언하고 처음부터 다시 협상하던가 아니면 분쟁으로 가는 것을 기정사실화하는 것도 현실적으로 간단해 보이지 않는다.

따라서 현 단계에서 선택은 일단 관세화유예를 받아들이되 상대국들이 요구하는 유예의 조건들이 과한 것이 사실이기 때문에 협상 시한에 쫓겨 무리한 결정을 할 필요가 없다. 배수의 진을 치고 막바지 협상에 최선을 다하고 내년 말에 DDA 협상의 세부 원칙이 나오면 다시 한 번 관세화가 유리한지를 정밀 검토하여 최종결정을 내리는 것이 현명하다 판단된다.

[농민신문 시론, 2004.12.13.]

국민을 우롱하는 쌀 협상

연초부터 미국 중국 등 9개국과 벌이는 쌀 협상 과정을 지켜보는 국민은 불안하기 짝이 없다. 도대체 정부는 어떻게 협상을 하길래 농민들은 연일 청와대와 거리에서 시위를 벌이고 있으며, 심지어 현재의 쌀 협상을 전면 무효로 하고 다시 협상하라고 요구하는 것일까.

그것은 정부의 솔직하지 못함에서 오는 강력한 불신에서 비롯됐다는 사실이다. 먼저 쌀 협상 과정에서의 정부의 말 바꾸기다. 2001년 당시만 해도 정부는 2004년 말까지 쌀 협상을 하다가 결렬되면 2005년 1월 1월부터는 무조건 관세화로 개방해야 한다는 소위 '자동관세화론'을 기정사실로 했다. 그러다가 '자동관세화론'에 대해 법률가와 전문가들의 강력한 이의가 제기되자 금년 들어서는 '자동관세화론'은 틀린 것이라며 '관세화의 의무'

를 진다고 정부 스스로 자세를 바꾸었다. 금년 말까지 협상하다가 결렬이 되면 WTO의 분쟁기구로 넘어갈 수도 있다는 사실을 정부는 인정하고 있는 상황이다. 분쟁기구로 넘어갔을 때 우리에게 유리한지 불리한지는 문제의 본질이 아니며 그러한 가능성을 전혀 알리지 않다가 국민의 문제 제기가 있고 난 다음에서야 이를 인정하는 지극히 솔직하지 못한 정부의 태도가 문제인 것이다.

그뿐만 아니라 금년 초 쌀 협상을 시작하면서 정부는 9월 말까지 9개국과 협상을 끝내야 하고 뭔가 '합의안'이 나오면 이를 WTO(세계무역기구)에 제출하여 10월부터 12월 말까지 3개월간 모든 회원국에 공람시켜 동의를 구함으로써 쌀 협상이 마무리되는 것으로 국민에게 말해 왔다. 그런데 9월 말에 나왔어야 할 '합의안'은 나오지 않았고 9월이 지나 12월도 중순에 접어든 현재까지도 협상은 진행되고 있지 않은가. 애초 정부가 얘기한 협상 시한은 이미 넘었으며 그런데도 협상은 진행되고 있다. 처음부터 협상의 절차를 올바르게 알리고 솔직하게 국민의 이해를 구해도 신뢰가 형성될지가 의문스러운 민감한 사안을 다루면서 이렇게 국민을 우롱해서는 안 된다.

문제는 또 있다. 의무수입물량을 소비량의 4%에서 8%로 늘려야 한다고 얘기할 때 그 4%의 기준이 되는 연도와 소비량은 1988~1990년 3년간의 연평균 쌀 소비량으로 되어 있다. 그런데 만약 2014년의 의무수입물량을 8%로 하면 그 기준이 되는 소비량은 15여 년 전의 소비량이 된다. 그런데 쌀 소비량은 매년 약 2~3%씩 줄어들고 있어 15년이 지나면 약 30~40%의 소비가 줄어들 것으로 예상된다는 사실이다. 따라서 기준연도가 1988~1990년일 경우의 의무수입량 8%는 소비량이 약 30~40% 줄어들었을 때의 소비량을 기준을 하면 약 11~14%의 엄청난 물량이 된다. 따라서 '기준연도'를 어떻게 할 것인가는 매우 중요한 사안이었음에도 정부는 협상 과정에서 이에 대한 문제제기가 거의 없었다는 것이다. 그러다가 최근에는 '기준연도'가 문제가 아니라 매년 얼마씩 의무수입물량을 늘려나가야 하는 것이 중요한 쟁점이지 기준연도는 별로 중요하지 않다고 말을 바꾸고 있다.

또 있다. 미국과 중국 등은 의무수입물량 중 일정 지분을 자국 쌀로 수입해 줄 것을 요구하고, 이를 협정문에 넣어 줄 것을 요구하고 있는 것으로 알고 있는데, 문제는 9개국으로부터 얼마만큼의 물량을 사주겠다고 협정문에 못 박을 수는 없고 그런 예도 없다는 사실이다.

대북지원문제만 해도 그렇다. 우리가 북한에 지원하는 쌀은 내국 간 거래로 할 수 있도록 이미 우르과이라운드(UR)이행 특별법에 명시되어 있고, 최근 싱가포르와의 FTA에서도 개성특구에서 생산된 제품은 내국 간 거래가 인정되도록 하고 있다. 따라서 쌀의 대북지원문제도 당연히 내국 간 거래로 인정되어야 하며 이를 강력히 주장해야 하나 그렇지 못하고 있다.

정부의 이러한 협상 과정에서의 미흡함은 차치하더라도 솔직하지 못함은 쌀 재협상은 물론 농정 전반에 대한 불신으로 이어진다는 측면에서 문제의 심각성이 있는 것이다. 농민들의 문제 제기를 집단이기로 몰아서는 결코 안 되며, 정부는 진지하게 잘못을 인정하고 솔직해지지 않으면 엄청난 사회적 비용과 혼란을 치른다는 사실을 직시해야 한다.

[문화일보 시론, 2004.12.11.]

막바지 쌀 협상
소고

쌀 협상이 막판에 접어든 것 같다. 미국과의 6차 협상, 중국과의 5차 협상 등이 끝나고 장관급의 고위직 회담을 통하여 마무리하려는 움직임도 보도되고 있다. 김현종 통상교섭본부장이 25~26일 미국에서 로버트 죌릭 미 무역대표부(USTR) 대표 등을 만나 쌀 협상에 대한 우리 정부의 입장을 설명하였고, 허상만 농림부 장관도 26일 방한한 J.B 펜 농무부 차관을 만나 쌀 협상 문제에 대한 논의가 있었고, 내달 초순에는 중국과도 고위급 회담을 벌일 계획인 것으로 알려지고 있다. 이는 쌀 협상이 실무차원을 넘어 고위급협상을 통하여 타결을 모색하고 있는 상황이어서 정말 막바지에 접어든 느낌이다.

어쨌든 지금까지 알려진 협상 내용으로는 관세화유예기간은 10년 정도이고, 의무수입물량도 7~9% 선에서 얘기가 오가고 있는듯하다. 이러한 관세화유예의 대가로 의무수입량의 일정 부분을 소비용으로 시중에 판매할 수 있도록 요구하고 있으며, 의무수입량 중 30% 정도를 정부가 아닌 민간이 수입하도록 허용할 것과, 자국산 쌀을 한국이 사줄 것을 대부분의 협상국이 요구하고 있는 것으로 알려지고 있다.

이제 막판의 실무 협상이나 고위급 협상에서 우리는 이러한 조건들을 보다 유리하게 타결지어야 한다. 관세화유예의 조건으로 요구하고 있는 의무수입물량을 1%라도 더 줄여야 하며, 소비용으로 시중에 판매하는 것도 최대한 막아야 하고, 민간이 수입할 수 있는 물량도 막거나 최소화해야 한다.

지금 협상이 어려운 가운데서도 현 상황에 와 있고 DDA 협상에서의 세부원칙(Modalities)도 나와 있지 않은 상태에서 아직도 관세화 개방을 주장하는 것은 무리이다. 그것은 관세화유예기간이 10년으로 가닥을 잡은 것 같고, 의무수입물량이나 소비자 시판허용부문 등에서 우리의 주장보다 높기는 하나 전체적으로 볼 때 관세화유예를 관철할 수 있는 단계에 와 있다고 보기 때문이다.

이제 남은 것은 쌀 협상이 관세화유예로 타결되었을 때 앞으로 어떻게 우리의 쌀 농업에 대한 비전과 정책을 수립할 것인가의 문제이다. 관세화가 유예되었다고 해서 모든 문제가 자동으로 해결되는 것은 아니며 쌀 농업이 유지 발전되는 것은 더더욱 아니기 때문이다. 이제 시작일 뿐이다. 앞으로 10년이라는 유예 기간에 농민은 물론이고 한마음으로 정부와 온 국민의 그야말로 각고의 노력과 이해가 있어야 한다.

이를 위해서는 무엇보다 중요한 것이 쌀 농업을 단순히 쌀이라는 생산물을 생산해 내는 것으로만 파악하려는 시각에서, 쌀 농업이 가지고 있는 다원적 기능과 국토의 균형발전이라는 관점에서 지역 공동체를 유지해 주는 기능을 중시하는 시각으로 우리 사회의 가치구조를 전환해야 한다. 고향이 사라지고 지역의 공동체가 무너지는 상황이 되어서는 안 된다는 공감대가 형성되어야 한다. 그래야만 쌀 문제의 해법이 보이기 시작한다.

쌀 협상이 막바지에 이르렀다는 소식을 접하면서 가장 먼저 떠오르는 것이 쌀 농업의 본질적 가치에 대한 우리 사회의 몰이해가 해소되어야 한다는 생각이 머리를 스치는 이유는 왜일까.

[농민신문, 2004.10.22.]

쌀 관세화유예협상과
국익판단의 기준

쌀 관세화유예를 위한 9개국과의 2차 협상이 한창 진행되고
있다. 정부의 쌀 협상 기본방침은 "관세화유예를 목표로 하되 상
대국이 무리한 요구를 할 때는 관세화유예와 관세화 개방 중 어
느 것이 유리한가를 면밀히 검토하여 국익에 유리한 쪽으로 결정
하겠다"는 것으로 파악된다. 즉 유리하다고 판단되면 관세화에
의한 개방도 수용할 수 있다는 뜻으로 해석된다.

물론 이러한 정부의 입장을 대외적으로 밝히는 것은 협상의
전략이라는 측면에서는 바람직하다고 본다. 즉 협상상대국이 관
세화유예를 위한 의무수입물량을 무리하게 늘릴 것을 요구한다
든지 의무수입물량의 시장접근물량(일반 시중에 판매할 수 있도록 하
는 물량)을 무리하게 늘릴 것을 요구할 경우에는 관세화에 의한 개
방을 할 수도 있다는 다분히 협상 전략적인 측면에서의 언급이라

면 크게 문제는 아니라고 판단된다. 처음부터 정부가 우리는 어떤 대가를 치르더라도 관세화유예를 달성해야만 된다고 협상 이전에 못 박을 필요는 없다고 보기 때문이다.

그런데 문제는 정부의 태도를 과연 협상을 위한 전략적 차원만으로 이해할 수 있을 것인가 하는 점이다. 최근 정부는 쌀 협상의 공식 명칭을 '관세화유예를 위한 쌀 협상'에서 언제부터인가 '쌀 관세화 관련 협상'으로 공식 쌀 협상 명칭을 바꾸었다. 그 배경이 어디에 있는지 모르겠으나 다분히 의도적이라는 인상을 지울 수 없다. 그것은 유예를 목표로 하되 언제든지 소위 '국익에 이롭다'라고 판단이 되면 관세화 개방을 하겠다는 의미를 함축하고 있다고 볼 수 있기 때문이다.

그렇다면 과연 정부는 무엇을 기준으로 관세화가 관세화유예보다 '국익에 유리'하다고 판단할 것인가 하는 점이다. 지금까지 제시되고 있는 판단 기준으로서는 관세화 개방을 하였을 경우에 수입쌀 가격이 어느 정도가 될 것인지를 예측하고, 그 정도의 수입쌀 가격하에서 쌀이 얼마나 수입될 것인가를 예측하여, 관세화유예 시의 의무수입물량과 비교하여 판단하는 것이 일반적인 계량분석방법이다.

문제는 이러한 계량분석에 의한 유불리의 판단은 매우 위험하다는 사실이다. 백번 양보하여 이러한 단순 계량분석기법이 유용하다 하더라도 달러로 되어있는 수입쌀 가격을 우리의 원화로 환산할 때 '환율'이 어떻게 되느냐에 따라서 계량분석의 결과가 상당한 차이가 있게 된다. 수입쌀의 가격도 세계 수급여건이나 수출입여건에 따라 수시로 변동하는 것이므로 어느 시기의 국제 쌀 가격을 기준으로 할 것인가에 따라서도 매우 유동적이다. 또한 수입되는 수입쌀의 품질도 천차만별일 텐데 어느 품질의 수입쌀이 얼마나 수입될지의 예측이나 판단도 매우 불확실하다.

이와 같이 수입쌀의 예측 가격, 예측 환율, 예측 수입물량 등 주로 경제변수만을 고려하여 국익의 유 불리를 판단하는 것은 매우 불안정하고 위험하다는 사실이다. 따라서 관세화유예와 관세화 개방 중 어느 것이 더 국익에 유리하고 불리할 것인지를 판단하는 기준으로서는 쌀 농업의 다원적 기능 유지, 식량주권의 실현, 농촌이라는 지역 공간의 유지 발전, 농민의 생존권, 통일 이후의 식량문제 등을 종합적으로 고려하여 '국익'을 판단해야 한다. 우리 사회 구성원 모두의 현명하고 신중한 선택을 기대한다.

[농민신문, 2004.07.12.]

쌀 자동관세화론자들의
자성과 책임

　세상을 살아가다 보면 어떤 개인의 모든 판단이 옳지는 않다. 때로는 맞기도 하고, 때로는 틀리기도 하는 것이 세상 이치다. 그런데 한 개인의 주장과 판단이 본인에게만 영향을 미친다면 적어도 사회적 문제는 없다. 그러나 그것이 국가와 민족의 장래, 그리고 국익에 영향을 미친다면 한 개인의 일로 치부할 수는 없는 일이다.

　한 개인의 주장이나 판단이 국익에 해가 되었다면 그 개인은 응분의 사회적 책임을 져야 하는 것이 순리이며 질서이다. 일제 하에서 일제의 앞잡이 노릇을 하였다면 그는 친일에 대한 책임을 져야 한다. 독재 정권에 아부하여 고관대작을 지내고 부를 축적하였다면 이 또한, 책임을 면치 못한다. 그런데 우리는 불행하게도 머리 숙여 사과하고, 자중하며, 스스로 책임지는 자들을 별로 보지 못했다. 오히려 목을 곧추세우며 딴청을 부린다. 그것이 우리 사회가 잘못을 하고도 책임지지 않는 풍토가 만연하게 된 원인이 되는 것이며, 잘못된 자들이 지속적으로 우리 사회의 곳곳에 남아 암으로 존재하게 된다. 우리 사회 발전의 걸림돌이 되는 것이며 사회정의가 실현되기 어려운 구조를 띠게 된다.

최근 정부는 9개국과 각각 1차 양자 간 쌀 재협상을 마쳤다. 탐색전이 끝난 것이다. 6월 중순부터 각국과 2차 협상을 진행해 나갈 모양이다. 우리에게는 시간이 촉박할 수밖에 없는 것이 9월 말까지 50여 차례의 협상을 진행해야 하기 때문에 절대 시간이 부족하고, 각국의 요구 또한, 달라서 매우 어려운 협상임은 틀림없다.

그런데 문제는 금년 말(2004.12.31)까지 협상을 하다가 타결이 되지 못하였을 때 어떻게 되는가의 문제인데, 소위 '쌀 자동관세화론'은 무조건 협상이 타결되지 않으면 2005년 1월 1일부터 관세화에 의한 개방이 이루어진다는 것이다. 중요한 것은 이 주장이 최근에 와서 전문가들로부터 점차 옳지 않은 것으로 판명되고 있다는 사실이다.

최근 지난 UR 협상 때부터 줄곧 WTO 협상에 참여하였을 뿐만 아니라 정부의 국제협상에 깊숙이 관여하고 자문해 왔던 한 연구원이 '쌀 자동관세화론은 자충수이며 잘못된 것'이라는 사실을 조목조목 설명하고 나섰다. 그 연구원의 지적대로 '협상을 시작하는 단계에서 쌀 자동관세화론을 흘린다면, 이는 협상 대상국으로 하여금 성실하게 협상에 임하게 해 원만한 타결안을 도출하는데 방해가 될 뿐'이며 '우리의 협상입지를 지극히 좁히는 일'이다.

따라서 '쌀 자동관세화론'은 오류이며 폐기되어야 할 뿐만 아니라 국익에 반하는 주장이었음을 의미한다. 문제는 쌀 재협상을 실시하기 몇 년 전부터, 정확하게는 2001년부터 줄곧 '쌀 자동관세화론'을 언론이나 방송에서 공공연하게 주장했던 정부나 학계의 인사들은 엄청난 오류를 범한 것이며 국익에 반하였을 뿐만 아니라 국민을 오도한 책임을 면하기가 어렵게 되었다는 사실이다. 그렇다면 그런 인사들은 스스로 뭔가 조치를 취해야 하는 것이 옳다. 그 인사들이 누구인지는 본인들이 잘 알고 있을 것이다. 그냥 흐지부지 넘어갈 수는 없는 일 아닌가.

지금이라도 잘못을 인정하고 국민, 특히 농민들에게 사과해야 하며, 앞으로는 쌀 재협상이나 쌀 정책과 관련해서는 본인의 의견을 제시하는데 자숙해야 한다. 그 길만이 국익에 반하는 주장을 편 것에 대한 지식인의 최소한 양식이며 국민, 농민에 대한 예의가 아닐까.

[농민신문, 2004.06.07.]

농민의 분노에
답해야 한다

지난 11월 23일, 쌀 재협상안은 농민들의 격렬한 저항 속에 국회를 통과했다. 이제 앞으로 10년간 관세화에 의한 개방이 다시 한 번 유예되었지만 10년 후에는 쌀마저도 전면개방이 불가피하게 되었다. 그 대가로 매년 의무수입물량을 지금의 약 20만 톤에서 10년 후에는 약 40만 톤으로 늘리게 되었으며 이들 물량의 10%에서 30%까지 시중에 밥쌀용으로 나오게 되었다.

그런데 농민들의 이번 비준과정에서의 분노와 저항은 '쌀 협상 과정과 쌀 협상안(비준안)' 자체의 문제도 문제려니와 '살기 힘듦'에서 오는 절규이며 우리 사회의 농업 농촌에 대한 인식의 부족과 홀대에 대한 안타까움의 표현이다.

현재 농가경제는 거의 파산지경에 이르고 있다. 우르과이라운드(UR) 협상이 타결된 1994년에 농가소득은 2,032만 원, 부채는 789만 원으로 부채비율이 38.8%이던 것이 10년이 지난 2004년에는 농가소득은 2,900만 원으로 10년 전보다 약 900만 원이 늘어났는데 반하여 농가부채는 약 1,900만 원이 늘어난 2,689만 원으로 부채비율은 92.7%에 달하고 있다. 농가소득이 10년간 900만 원밖에 증가하지 않은 것은 물가상승률 등을 감안하면 실질소득은 절반 수준으로 줄었다는 사실이다.

농가소득과 도시근로자소득을 비교해 보면 1994년의 농가소득(2,032만 원)은 도시근로자소득(2,042만 원)과 거의 같은 99.5%에 달하였으나, 2004년에는 농가소득(2,900만 원)이 도시근로자 소득(3,736만 원)의 77.6% 수준으로 떨어져 도시와 농촌 가구의 소득 격차는 점점 심화되고 있다.

즉, 소득은 줄고 부채는 늘어나며 도농 간 소득 격차는 늘어나는데 쌀시장마저 개방되는 상황에서 농민들은 절망하는 것이며 이를 분출하고 있는 것이다. 과연 누구를 위한 개방이며 WTO 체제는 누구를 위해 존재하는가에 대한 회의와 우리 사회에 널리 퍼져 있는 신자유주의 기저에 대한 저항과 분노이다.

이제 우리 사회는 이들의 분노와 허탈함을 겸허히 받아들여야 한다. 가슴에 못을 박는 말을 자제해야 한다. 그들의 고뇌와 삶에 대해 제대로 알지도 못하면서 국적 없는 어설픈 시장논리로 농업과 농촌, 그리고 농민을 정부와 언론과 소위 지식인들은 함부로 재단해서는 안 된다.

쌀 비준안이 처리된 바로 그 다음 날 정부의 고위관료가 이제는 구조조정을 통하여 규모를 넓혀 경쟁력을 제고해야 한다고 강변하는 모습에서 연민의 정을 느낀다. 그런 구조조정이 일견 그럴듯해 보이지만 10명이 농사짓던 것을 한 명이 지으면 생산성도 높아지고 호당소득도 오르리라는 정말 하나는 알고 아홉은 모르는 한심한 발상이다. 바로 그 아홉을 어떻게 할 것인가에 대한 진지한 고민을 정부는 지금 이 시점에서 먼저 해야 하는 것이다. 이러한 자세부터 바꿔야만 농민과 농업, 농촌 문제를 풀 수 있는 실마리를 찾을 수 있다.

지금은 농가부채 문제를 공적자금을 투입해서라도 한번은 털고 가야 한다. IMF 사태 이후 160조 원의 막대한 공적자금이 우리 기업과 금융기관에 투입되었고 이들 중 약 절반인 80조 원은 회수되기 어려우며 이는 고스란히 국민의 부담으로 남게 되었다. 그런데 농업부문에는 지금까지 공적자금이 한 번도 투입된 적이 없으며 농가부채총액도 6조 원 정도에 불과하여 마음먹기에 따라서는 불가능한 일도 아니라고 본다.

그리고 선진국에서 시행하고 있는 소득안정장치를 조속히 도입해야 한다. 가격이 시장여건에 의하여 하락하더라도 개인 농가의 소득이 적정수준에서 보장될 수 있다면 농민들은 안심하고 농사를 지을 수 있을 것이고 우리의 농촌도 유지될 수 있을 것이다. 물론 농민들은 고품질 안전한 농산물을 생산하기 위해 한층 더 노력을 하여야 함은 물론이다. 이제 큰 틀에서 농업 농촌 농민 문제에 접근해야 할 시점이다.

[세계일보 시론, 2005.11.27.]

쌀 협상
국정조사 유감

　지난해부터 시작된 쌀 관세화유예를 위한 재협상 결과가 금년 4월에 WTO 회원국의 검증을 거쳐 발표되었을 때 많은 국민은 어리둥절했다. 쌀 협상인 줄 알았는데 쌀 이외의 품목이나 검역과 같은 내용이 포함되어 있었기 때문이다. 조금 자세히 들여다보면 중국산 사과, 배에 대한 신속한 위험평가실시 합의와 조정관세 대상품목 축소 인하, 아르헨티나와 이미 진행 중인 가금육에 대하여 6개월, 오렌지에 대하여는 4개월 이내에 수입허용을 위한 위험평가의 신속한 진행, 캐나다와의 사료용 완두콩의 할당관세율 0%, 이집트 쌀 2만 톤, 인도 쌀을 관세화유예 동안 매년 9,121톤씩 구입하되, 대외원조용으로 사용한다는 등의 합의사항이 포함되어 있다.

　지난해 말 정부가 발표한 쌀 협상 결과에는 이런 내용이 들어 있지 않았으며 다만 추가로 합의할 내용이 조금 있다는 정도로만 알고 있었을 뿐, 누구도 이외의 사안들이 들어 있을 줄은 상상하지 못했다. 심지어 전국의 교수들 수십 명을 모아 놓고 소위 쌀 협상 대책 등을 설명하고 논의하는 연구모임을 구성하고도, 그곳에 참여하는 전문가들에게조차도 언질을 주지 않아 누구도 이러한 내용의 협상이 진행되는지를 상상하지 못했다.

그러다 보니 이면합의니 부가합의니 하면서 문제가 불거지게 되었고 드디어 국회가 나서서 지난 5월 12일부터 6월 15일까지 35일 동안 국정감사를 실시하기에 이른 것이다. 그러나 무엇 하나 속 시원하게 드러난 것은 없다. 국정조사결과에 대한 평가도 여 야가 너무나 상이하다 보니 국정조사 보고서도 공동으로 내지 못하고 말았다. 어디까지가 잘한 협상이고 어디까지가 못한 협상인지를 국회는 국민과 농민들에게 소상히 밝혀 주지 못했다.

정부의 태도 또한, 국민과 농민들의 저항을 살만하다. 사실 크고 작은 많은 의혹이 청문회에서 제기되었고, 과연 정부가 전력을 다했느냐는 점에서는 별로 할 말이 없을 것 같은 정부임에도 불구하고, 청문회가 끝난 직후에 있었던 한 농민단체 주관의 세미나에서 외교부의 고위 관료는 여전히 고압적이었고 진솔한 자성의 소리는 찾아보기 어려웠다.

정부는 무엇이 잘못된 협상이었느냐고 항변만 할 것이 아니라 좀 더 겸허하고 진지한 태도로 국민과 농민들에게 이해와 협조를 구해야 할 시점이다. 협상 전략이 부족했고, 이면합의라는 오해를 살만한 내용도 있을 수 있으며, 범정부 차원에서 최선을 다하지 못한 측면이 분명히 있었고, 주요 쟁점에 대해서는 야당이나 농민단체의 지적도 일리가 있다는 등 솔직하게 시인하고 난 다음에 정부로서는 어려운 협상을 최선을 다했다고 주장하는 것이 올바른 태도라고 생각된다. 그래야만 국회에서의 비준도 가능할 것이고 국민과 농민의 이해도 구할 수 있을 것이다. 추가적이고 수락 가능한 대책은 그다음의 일이다.

[한국농어민신문, 2005.07.01.]

쌀 재협상
욕먹는 이유

정부는 지난해 12월 30일 일 년여에 걸친 9개국과의 쌀 재협상에서 일부 국가와는 아직 완전합의에 이르지는 못했지만, 미국 중국 등 주요국과 합의된 안을 중심으로 이행계획서(CS)를 작성하여 일단 WTO 사무국에 통보하였다고 한다. 앞으로 3개월간의 WTO 회원국들에 대한 열람을 마친 후 국회비준을 거쳐 최종확정한다는 것이다. 주요 협상 결과는 알려진 바와 같이 관세화유예를 10년 더 연장하는 대신 의무수입물량(MMA)을 현재의 4%(약 20만 톤)에서 매년 약 0.4%씩 증량시켜 2014년에는 7.9%(약 40만 톤)로 늘리기로 하고, 의무수입물량은 지금까지는 전량 가공용으로 소비하여 시중에 밥쌀용으로는 시판되지는 않았지만, 앞으로는 첫해에 의무수입물량의 10% 정도(약 2만 2천 톤)는 밥쌀용으로 시중에 판매해야 하며, 이 물량을 2010년에는

30%까지로 늘린 후 2014년까지 30% 비율을 유지해야 한다는 것이다.

이러한 협상 과정과 결과에 대한 평가는 일단 정부가 관세화 유예로 가닥을 잡았다는 측면에서는 다행스러운 일이다. 사실 협상하는 과정에서 정부는 상대국이 무리한 요구를 하면 관세화로 간다는 인상을 강하게 암시해 왔다. 이는 협상전략이라는 측면에서 이해가 가는 부분이었으나, 내실 정부는 그러한 의도가 있었음은 여러 정황으로 보아 파악할 수 있는 일이었다.

그런데도 최종적으로 정부는 관세화유예라는 선택을 했고, 정부의 설명처럼 이만하면 비교적 잘한 협상인데 왜 농민들은 도로를 점유하며 단식하며 쌀 재협상은 잘못됐다고 주장하면서 재협상까지도 요구하고 있는 것일까. 그것은 협상 결과의 내용도 내용이지만 협상 과정에서 보여준 정부에 강한 불신에서 비롯된다.

예컨대, 정부 당국자는 2001년경부터 2004년 12월 31일까지 협상하다가 결렬되면 2005년 1월 1일부터는 무조건 관세화로 개방된다는 소위 '자동관세화론'을 주창했고, 최근에는 이를 '자동관세화의 의무를 진다'고 말을 바꾸면서 '자동관세화론'은 틀린 것이라고 얘기하고 있다. 그러나 '자동관세화론'은 관세화로 가야 하는데 국내법개정 등의 절차가 있기 때문에 2004년 말에 결렬이 된다 해도 2005년 1월 1일부터 관세화가 될 수는 없다는 논리일 뿐, '자동관세화론'이나 '관세화의 의무'나 모두 같은 의미이다. 말만 바꾼 것이다.

뿐만 아니라 정부는 지난해 12월 30일 이행계획서를 WTO에 제출했다고 하는데 아직 완전히 끝나지도 않은 협상안을 가지고 어떻게 이행계획서를 통보하는지 알 수가 없는 노릇이다. 그것은 9개국 중 아직 몇 개국과는 완전합의에 이르지 못하고 있기 때문이다. 이는 2004년 말이라는 시한문제에 정면으로 어긋나는 일이다. 그 몇 개국과의 이견은 3개월간의 검증기간 안에 조정하면 된다는 논리인데 그렇다면 그 기간 안에 주요국과의 조정도 가능한 것이라는 논리가 성립하게 된다. 그것은 쌀 협상이 2004년이 지났음에도 실질적으로 지속되고 있음을 의미한다.

국회의 비준문제도 그렇다. 아직 완전히 끝나지도 않은 쌀 협상을 근거로 이행계획서를 WTO에 제출할 수 있는지도 이해가 가지 않을 뿐만 아니라, 3개월간의 검증절차를 마친 다음에 국회의 비준을 받겠다는 것도 책임 있는 정부의 올바른 자세로 보이지 않는다. 3개월 후에 국회가 만약 비준을 하지 않으면 관세화 개방으로 가게 되기 때문에 국회로서는 비준을 하지 않을 수 없는 상황에 빠지게 되고, 국회가 만약 비준을 거부하면 모든 책임을 국회가 져야 하는 것이다. 정부는 쌀 재협상의 절차와 과정을 비공개적으로라도 농민단체와 국회에 정확히 알리고 협조를 구했어야 했고 내부적인 조율이 있는 가운데 협상을 진행했어야 했으나 시한문제를 지나치게 지레 경직적으로 이해하였고 그것을 강조하다 보니 지금에 와서는 그것 자체가 부담되는 이상한 상황에 빠지게 된 것이다.

이러한 일련의 과정에서 농민단체와 정부 사이에는 신뢰성에 금이 가게 되었고 이를 조정하는 일이 가장 급선무로 대두하고 있는 것이다. 정부는 지금부터라도 정확한 절차와 과정을 설명하고 솔직해져야 하며 이해 당사자들의 협조를 구해야 하는 시점이다. 그것이 책임 있는 정부의 자세이다.

[경향신문 시론, 2005.01.02.]

쌀 협상
국정조사의 교훈

지난해 연말, 쌀 재협상이 끝났을 때 대통령은 생각보다 잘한 협상이라고 협상팀을 칭찬했다고 한다. 그런데 최근에 불거진 중국산 사과, 배에 대한 신속한 위험평가실시 합의와 조정관세 대상 품목 축소 인하, 아르헨티나와 이미 진행 중인 가금육에 대하여 6개월, 오렌지에 대하여는 4개월 이내에 수입허용을 위한 위험평가의 신속한 진행, 캐나다와의 사료용 완두콩의 할당관세율 0%, 이집트 쌀 2만 톤, 인도 쌀을 관세화유예 동안 매년 9,121톤씩 구입하되 대외원조용으로 사용한다는 등의 추가합의사항을 제대로 보고 받고 평가한 것인지 의아스럽다. 만약 대통령에게도 이러한 부분에 대한 진행 상황을 제대로 보고하지 않았다면 문제는 심각하다. 이번 국정조사에서 밝혀져야 할 과제 중 하나이다.

사실 지난해의 쌀 재협상은 관세화유예를 10년 더 연장하기 위한 협상으로 우리는 '추가적인 양허'를 해야 하는 상황이었다. 그래서 의무수입물량을 지난 10년보다 약 두 배나 많은 40만 톤의 쌀을 들여오기로 했고, 수입된 물량을 사료로 쓰건, 가공용으로 쓰건, 아니면 밥쌀용으로 쓰건, 수입국에서 알아서 할 일인 것을 그중 일부는 시중에 밥쌀용으로 시판토록 허용했으며, WTO 체제에서도 허용하지 않는 수입물량의 국별 쿼터를 허용했다. 그것만으로도 결코 잘한 협상이라 자랑할 수만은 없는 결과였다.

더군다나 이집트나 아르헨티나 등과는 양자협상이 종결되지도 않은 상황에서 스스로 정한 연말까지의 협상 마감일을 준수하기 위해 이행계획서를 WTO에 제출하였던 것이다. 그때만 하더라도 정부는 '약간의 부가적인 사항'이 합의되지 않아 3개월간의 검증 기간에 타결될 것이라고만 국민에게 알렸다. 그 상황에서 국민 누구도 그 추가적으로 합의해야 할 사항이 쌀 이외의 품목까지도 거론되고, 수입절차의 문제가 논의되리라고 상상한 국민은 없었을 것이다.

그런데 3개월간의 WTO 검증이 끝나고 정부가 내놓은 합의안의 내용을 보고는 아연실색하지 않을 수 없었던 것이다. 그것도 양파 껍질 벗기듯 하나하나 추가로 국민에게 알려지면서 눈덩이 불어나듯 했으니 말이다. 결국, 국회가 나서서 지난 5월 12일부터 6월 15일까지 35일 동안 국정감사를 실시하기에 이른 것이다.

협상의 과정이나 결과, 또는 보고체계에 대해 국회가 나서서 진실과 거짓을 가리겠다는 것 자체를 정부는 부끄러워해야 한다. 사실 지금까지 정부가 단편적으로 알린 내용 외에 얼마나 더 많은 오류들이 밝혀질지는 모르겠으나 분명한 것은 정부의 신뢰와 권위에 큰 흠집이 남을 수밖에 없게 되었다는 사실이다. 그것이 안타까울 뿐이다.

정부는 지금도 국정조사를 하면 숨기고 있는 것은 더 이상 없기 때문에 문제가 없다는 주장을 하고 있다. 그런 자세는 바람직하지 않다. 의심을 받고 신뢰를 받지 못하여 이 지경에 이른 사실에 대해 자성하고 부끄러워해야 한다.

따라서 쌀 재협상은 결과적으로 실패한 협상이 되고 말았다. 이러한 결과의 모든 이면에는 지난해 연말까지 협상이 타결되지 않을 경우, 자동관세화(관세화 의무)로 간다는 정부의 성급한 주장이 자리하고 있다. 여기에 맞추어 넣다 보니 협상이 채 끝나기도 전에 무리하게 이행계획서를 통보했고, 상대국의 무리한 요구에 대해서도 합의를 해 주게 되었을 가능성이 크다. 자승자박이었던 것이다.

지금에라도 정부는 합의문을 공개해야 한다. 비밀로 취급하여 공개하지 않는 것은 납득하기 어렵다. 상대국 국민은 모두 알고 있는 합의 내용을 우리 국민은 알아서는 안 된다는 것은 사리에 맞지 않는다. 합의문을 공개할 수 있도록 제도를 하루빨리 바꾸고 진실을 스스로 모두 밝히면 된다. 정부의 결단을 촉구한다.

[경향신문 시론, 2005.05.]

쌀 자동관세화개방론의 망령

　최근 쌀시장의 조기 개방문제가 농정의 큰 이슈로 등장하면서 찬반 논쟁이 뜨겁다. 쌀시장을 조기에 관세화에 의해 개방해야 한다는 논리는 쌀시장을 지금쯤 관세화에 의해 개방하는 것이 국제 쌀 가격이 올라 있고 관세도 400% 정도 메길 수 있어 추가적인 쌀 수입은 없을 것이며, 의무수입물량을 매년 10만 톤씩 줄일 수 있고, 비용도 줄일 수 있다는 논리이다.

　이러한 조기관세화개방 논리를 반박하려는 것이 아니다. 동의해서가 아니라 그럴 수도 있기 때문이다. 문제는 그러한 주장의 이면에 도사리고 있는 패배주의와 사대주의 근성이다. 2014년 이후에는 무조건 쌀시장은 관세화에 의해 개방된다는 소위 '쌀 자동관세화개방론'이다. 협상이 진행되거나 중요한 정책 결정의 시기만 되면 어김없이 등장하는 '자동관세화개방론의 망령'이다.

쌀 자동관세화개방론은 정부와 일부 관변학자들에 의해 이미 2004년 쌀 재협상 때도 등장했었다. 당시 쌀 재협상 과정에서 만약 2004년 말까지 협상이 타결되지 않으면 2005년 1월 1일부터는 무조건 쌀시장은 관세화에 의해 개방된다는 논리였다. 협상하다가 타결이 안 되면 무조건 관세화 개방으로 가는 것이 맞는다면 상대국이 협상을 천천히 끌다가 2004년 12월만 넘기면 우리의 쌀시장이 개방된다는 논리였으니 협상도 안 해보고 백기를 든 형국이었다. 그런 협상이 잘 될 리가 없다.

결론부터 말하면 당시 자동관세화개방론자들은 그들 스스로도 잘못되었음을 인정했지만, 사실이 아님이 백일하에 밝혀졌다. 당시 쌀 재협상은 2004년 12월 말까지도 당시 우리와 협상하고 있던 9개국 중 중국, 아르헨티나, 캐나다, 이집트 등과는 완전합의에 이르지 못하여 2005년까지 넘어갔었다. 이는 상황에 따라 일정이 조금 지체될 수도 있는 것이라는 사실과 협상 여하에 따라서는 얼마든지 융통성이 있는 것임에도 불구하고 우리 정부와 일부 관변학자들은 과연 누구를 위하여 줄기차게 자동관세화론을 주창했는지 이해가 가지 않았다.

그런데 씁쓸하게도 지금 또다시 정부와 일부 관변학자들을 중심으로 2014년 이후가 되면 무조건 관세화에 의해 쌀시장은 개방된다는 소위 '쌀 자동관세화개방론'을 주창하고 있으니 답답한 노릇이다. 정부나 관변학자들은 우리에게 조금이라도 유리한 것을 주장해야 한다. 그런데 우리가 먼저 나서서 무조건 2015년부터 관세화에 의해 개방돼야 한다고 주장하는 것은 분명히 이적행위이다. 많은 개연성과 상황변화를 염두에 두고 신중히 접근하고 협상 전략을 지금부터 짜야 할 시점에 또다시 자동관세화개방론의 망령이 되살아나는 것 같아 심히 우려하지 않을 수 없다.

2014년 이후에도 무조건 쌀시장이 관세화에 의해 개방되는 것이 아니라는 논리도 한둘이 아니다. 2004년 쌀 재협상 시 2014년 이후에 대해 아무런 언급이 없었다 하더라도 이를 무조건 관세화 개방으로 간다고만 해석하는 것도 옳지 않으며, 국제협상에서 확정적인 것은 아무것도 없다고 봐야 하며 서로 양해만 되면 협상은 가능하다고 보는 것이 옳다. 또한, DDA 협상이 결렬되어 있기 때문에 두 번씩이나 의무를 이행할 필요가 없다는 주장도 있고, 미리 쌀시장을 개방하면 DDA 협상에서 개도국 지위확보가 어려울 수 있다는 주장도 설득력이 있다.

따라서 쌀시장개방을 서둘러서는 안 된다. 신중론자들이 우려하는 조건들을 해소시켜 나가면서 신중하게 접근하는 것이 옳다. 관세화 개방 논의보다 더 시급한 것은 쌀 농업을 어떻게 할 것인가 하는 중장기 목표와 비전을 설정해야 하는 일이다. 목표와 비전을 설정한 후 이를 달성하기 위한 각 주체, 즉 농민, 농협, 민간유통주체, 정부, 소비자 등이 해야 할 일들을 설정하는 일이 더 급하다. 쌀 농업의 중장기 목표와 비전은 쌀시장의 전면적인 개방이 이루어질 경우를 대비하되, 식량안보와 식량주권을 염두에 둔 것이어야 하며, 이를 위해 최대한 논을 유지 보존할 수 있는 목표를 설정해야 하고, 논 농업의 다원적 가치를 살리는 지속 가능한 쌀 농업의 유지 계승이어야 하며, 쌀 농가 소득을 일정 수준 이상으로 유지할 수 있는 제도적 장치를 고안해야 하는 일이 더 시급하다. 이러한 논의를 먼저 진행하면서 쌀시장 개방문제에 접근하는 것이 순서이다.

지금 현 단계에서 쌀시장 개방 문제를 이슈화하는 것도 마땅치 않지만, 더더욱 쌀 자동관세화개방론을 우리 정부와 관변경제학자들이 주장하는 것은 더더욱 옳지 않다. 모든 가능성을 열어 둬야 하기 때문이다.

[한국농어민신문, 2009.09.08.]

쌀 조기 관세화 개방
논란의 선결과제

쌀 조기 관세화 개방문제와 관련하여 지금까지의 사회적 논의 과정에서 나타난 논란은 크게 두 가지 의견으로 집약된다. 하나는 2014년 이후에는 무조건 관세화에 의해 개방해야 한다는 소위 자동관세화개방론에 입각한 조기개방 '찬성론'과, 다른 하나는 2014년 이후에도 무조건 관세화개방해야 되는 것이 아니라 협상의 여지가 있을 뿐만 아니라, DDA 협상에서의 개도국 지위 유지문제, 한미 FTA 재협상(추가협상)이나 한중 FTA 등에서 쌀마저도 예외품목이 될 수 없게 되고 쌀 관세율을 낮추자고 주장하는 등 협상에서의 운신의 폭이 줄어들기 때문에 신중해야 한다는 소위 '신중론'이 각각의 소리를 내며 현재에 이르고 있다.

만약 100% 자동관세화 개방이 맞다면 조기 관세화 개방론의 논거가 상당히 설득력이 있다고 판단되며, 만에 하나라도 무조건 관세화 개방이 아니라면 신중론의 논거가 매우 합당하다고 판단된다. 각각의 주장에 모두 일리가 있기 때문이다.

그런데 정부가 쌀 조기 관세화 개방을 하고자 한다면 신중론자들이 주장하는 부분을 명쾌하게 해 주면 합의 과정이 매우 쉬울 수 있다. 즉 선결해야 할 과제가 있다는 의미이다. 무조건 찬성론의 주장만을 강요하거나 아무런 노력 없이 농민단체들의 합의가 있으면 하겠다는 자세도 책임 있는 정부의 자세가 아니라고 판단된다.

이를 위해서 최우선으로 해결해야 할 과제는 2014년 이후 과연 무조건 관세화 개방인가 아닌가 하는 통상법적, 전략적 이해의 차이를 어떻게 할 것인가 하는 문제이다. 이를 정부가 앞장서서 2014년이 지나면 무조건 '자동관세화 개방'이라는 주장과 '그렇지 않다, 또는 그렇지 않을 수 있다'는 주장에 대한 통상법적 해석을 명확히 할 필요가 있다는 의미이다. 이를 위해 국내외의 객관적인 통상법 전문가(권위자) 집단의 자문이나 공청회 등을 통하여 의견을 집약하고 확실히 할 필요가 있다. 만일 100% 자동관세화 개방이 맞다면 조기관세화 개방론은 상당한 설득력을 가질 수 있는 것이고, 그렇지 않거나 그렇지 않을 수도 있다면 신중론이 힘을 받을 수 있다.

다음으로는 정부의 확고한 개도국 지위 유지 의지를 보여줘야 한다. 물론 상대가 있는 국제협상에서 우리 마음대로 되는 것은 아니겠으나 농업부문의 경우 확실하게 개도국 지위를 유지할 것이라는 의지를 강력하게 피력할 필요가 있다. DDA 협상에서 개도국 지위를 유지하는 것과 선진국 대우를 받는 경우와는 상당히 차이가 있기 때문이다. 만약 DDA 협상이 현재 '팔 코너' 의장에 의해서 제안된 세부원칙대로 타결될 경우 우리가 선진국 대우를 받는다면 쌀을 민감품목으로 지정한다 하더라도 TRQ(일종의 의무수입량) 물량으로 소비량의 3~4%인 12만 톤~16만 톤의 쌀을 추가적으로 수입해야 되는 반면에, 우리가 개도국 지위를 받게 되면 쌀을 특별품목으로 취급하여 추가적인 TRQ 물량이 없도록 되기 있어 개도국이냐 선진국이냐 하는 문제가 매우 중요하게 되어 있기 때문이다.

또한, 농민들의 불안을 불식시키고 우리의 쌀 농업을 어떻게 가져가겠다는 비전과 목표 등을 담은 쌀 중장기 자급 목표와 비전을 천명해야 한다. 쌀 농업의 중장기 목표와 비전은 쌀시장의 전면적인 개방이 이루어질 경우를 대비하되, 식량안보와 식량주권을 염두에 둔 것이어야 한다. 최대한 논의 형상을 유지 보존 할 수 있는 목표를 설정하여 제시해야 한다.

동시에 쌀 관세화 개방에 대비한 자급률 하락 대책을 수립해야 한다. 앞으로 개방화 시대에 우리의 쌀 자급률은 중 장기적으로 떨어질 수밖에 없게 되어 있고, 쌀 재배면적은 60~70만ha로 줄어들어 쌀 생산기반인 논을 유지하는 정책이 없으면 자급률

저하와 함께 식량주권, 식량안보에 심각한 문제가 발생할 수 있다. 따라서 중·장기적으로 쌀 자급기반 유지와 쌀 자급률 제고를 위한 특단의 대책이 요구된다.

마지막으로 농가불안 해소를 위한 쌀소득안정장치를 강구하여 쌀 농가 소득을 일정 수준 이상으로 유지할 수 있는 제도적 장치를 제시해야 한다. 쌀소득보전직불금의 보전비율을 현행 85%에서 95% 이상으로 상향조정하고, 목표가격설정 시 생산비와 물가상승률 감안하며, 직불금이 실경작자인 농가에게 수령될 수 있도록 보완할 필요가 있다.

이러한 선결과제들을 먼저 풀어 가는 것이 현 단계에서 정부가 해야 할 일이지 조기 관세화 개방만을 밀어붙여서는 안 된다. 이러한 선결과제들이 해결되면 쌀 조기 관세화 개방 논의와 사회적 합의는 의외로 쉬울 수도 있기 때문이다. 정부의 분발과 열린 소통을 기대해 본다.

[한국농어민신문, 2001.06.11.]

정부의 밥쌀용 쌀 수입, 문제 있다

지난해 9월 30일 정부는 금년(2015년) 1월 1일부터 누구든지 관세 513%만 내면 쌀을 수입할 수 있도록 하겠다는 소위 전면 쌀시장 개방을 선언하고 WTO에 통보했다. 드디어 우리나라는 쌀을 포함한 모든 농산물 시장의 개방이 이루어졌다.

그런데 쌀시장 개방 유예 시절(1995년~2014년)의 쌀 개방 조건을 보면 속상한 일이 한두 가지가 아니었다. 먼저 금년부터 쌀시장을 개방하더라도 20년 동안 쌀시장을 개방하지 않은 대가로 의무적으로 사줘야 했던 의무수입물량(MMA:최소시장접근물량), 즉 저율(5%)의 관세쿼터량(TRQ)이 40만8천 톤이었는데 쌀시장을 전면 개방했음에도 불구하고 우리는 2015년부터 영원토록 이 물량을 5%의 저율 관세로 사줘야 하도록 우리 정부는 협상해 줬다.

뿐만 아니라 의무수입물량 40만8천 톤은 가공용이든 밥쌀용이든 우리 마음대로 수입할 수 있었던 것이 아니라 70%는 가공용으로, 30%는 밥쌀용으로 수입해야만 했다. 즉 우리로서는 가공용 수입쌀은 가공용으로 쓰이기 때문에 국내 일반쌀시장가격에는 영향을 미치지 않기 때문에 가능하면 가공용 쌀을 수입하는 것이 유리한 것이었으나 그것도 우리 맘대로 하는 것이 아니었다.

또 있다. TRQ 물량 40만8천 톤을 가격이 싼 쌀을 어느 나라에서 수입하던 자유로웠던 것이 아니고 미국, 중국, 태국, 호주 등 쌀을 수출하는 나라별로 쿼터를 설정해 줬다.

이러한 국별쿼터량 설정과 밥쌀 수입 여부는 쌀시장을 개방하면 의미가 없어지는 것이 당연하다. 그래서 정부는 지난해 513%의 관세를 부과하는 조건으로 쌀시장을 개방하면서 나라별 쿼터량 설정을 폐기함과 동시에 의무수입 쌀의 30%에 대해 밥쌀용으로 수입하게 했던 용도지정을 폐기하는 수정 양허표를 WTO에 제출하였다. 이제 앞으로 남은 과제는 우리가 제출한 관세율 513%를 다른 나라들이 검증하는 절차만 남아 있는 상황이었다.

그런데 정부가 의무수입물량 범위 내에서 느닷없이 밥쌀용 쌀을 1만 톤 수입하겠다고 나선 것이다. 정부는 밥쌀용 쌀에 대한 수요가 있고, 밥쌀용 쌀을 수입하지 않을 경우 WTO 위반(GATT 제3조4항 내국민 대우 원칙과 제17조1항 국영무역에서의 상업적 고려의 원칙)이라는 것, 그리고 관세율 513%를 관철시키기 위해서라는 이유를 들고 있다.

정부의 이런 주장은 일견 그럴 듯해 보이지만 문제가 있는 주장이다. 먼저 밥쌀용 수요가 있다고 하나 현재도 밥쌀용 수입쌀이 6만 톤이나 재고가 남아 있는 상황이고 정작 수입 밥쌀 수요처도 파악하지 못하고 있는 실정이다.

둘째, 밥쌀용 쌀을 수입하지 않는 것은 WTO 위반이라는 주장도 지나친 수출국 입장의 해석이다. WTO 규정에 대한 해석은 가능하면 우리에게 유리한 방향으로 법 해석을 하는 것이 국익을 위해서 옳고, 당연히 그렇게 해야 한다. 정부가 존재하는 이유이기도 하다. 그럼에도 우리 정부는 WTO 규정해석에 있어서 특히 농산물과 관련해서는 언제나 백기부터 들었고 상대수출국의 입장에서 접근하는 우를 지속적으로 범해 왔다.

밥쌀용 쌀 수입과 관련해서도 의무수입물량 40만8천 톤은 가공용 쌀만 수입하더라도 GATT 제3조와 제17조에 위반되는 것이 아니라는 것이 통상법 학자들의 대체적인 견해이다. 다만 의무수입물량을 초과는 물량의 경우 정부가 가공용 쌀 수입만 허용한다면 그것은 GATT 제3조와 제17조에 위반이라는 것이다.

셋째, 관세율 513%를 관철시키기 위함이라는 이유는 WTO 규정에도 없는 억지 주장일 뿐만 아니라 정부의 안일함과 무능을 들어내는 단면이다. 513% 관세율은 협상의 문제가 아니라 검중의 문제이며 정당한 근거와 논리가 있으면 두려울 것이 없는 사안이다.

결국, 국내 쌀 실질가격이 매년 하락하고 있고 생산기반이 점차 위축되고 있음에도 의무 수입 물량 내에서 밥쌀용 쌀을 수입하겠다고 나선 것은 정부의 안일함과 행정편의 주의적 발상에 불과하다. 정부는 우리 쌀 농업을 지켜내고 보존해야 할 민족적 가치라는 사실을 깊이 인식하고 쌀 문제를 풀어나가야 되고 대안을 제시해야 한다.

[대산 칼럼, 2015.07.02.]

3부

쌀 어떻게 할 것인가

답답한
쌀 정책

이제 들녘은 추수가 마무리되어 가고 있는 듯하다. 그리고 예상대로 또 풍년이다. 꽹과리 요란스럽게 울려대며 풍년가를 높이 부르고, 한바탕 어우러졌어야 할 우리의 농촌은 쌀을 팔 곳이 마땅치 않아 걱정이 태산이다. 정부는 정부대로 WTO 체제 하에서는 지금까지 내놓은 쌀 대책이 전부라 하고, 농협은 농협대로 정부의 안일한 대책에 분노하며, 농민은 농민대로 정부와 농협의 행태에 분노를 느끼고 있는 복잡한 상황이 벌어지고 있다.

무엇이 이토록 어려운 상황을 맞이하게 하는 것일까. 쌀 문제는 왜 이토록 어려운 것일까. 근본적인 문제는 무엇일까. 그것은 아마도 쌀이 가지고 있는 독특한 특성 때문이라 여겨진다. 그 중에서도 우리 민족은 쌀 중에서도 자포니카 타입 쌀을 먹고 살기 때문이리라. 만약 우리가 인디카 타입 쌀을 먹고 사는 민족이였다면 지금과 같이 쌀 문제의 해결이 그렇게 복잡하지만은 않았을 것이다. 그것은 국제 시장에서의 쌀 교역량 중 95%가 인디카 타입 쌀이기 때문에 국내 생산량이 부족하다 하더라도 필요하면 언제든지 인디카 타입 쌀을 수입할 수 있기 때문이고, 우리의 수입 물량이 조금 늘어난다고 하더라도 국제가격에는 그렇게 큰 영향을 미치지 않을 것이기 때문이다.

소비는 줄어드는데 생산량이 많다면 가격하락은 당연한 시장원리이고, 생산자인 농민들은 알아서 다음 해에 면적을 줄이든가 하면 될 것인데 왜 이토록 온 나라가 법석이어야 하는가. 그것은 만약 자포니카 타입 쌀의 국내 생산기반이 무너져 수입에 의존할 수밖에 없다고 한다면 자포니카 타입 쌀의 국제가격은 폭등할 할 것이 뻔하기 때문이다. 그러니 최소한의 자급기반의 유지는 필연이며, 이를 위해서는 돈이 필요하게 되는 것인데, 그 돈을 쓰려고 하지 않으니 쌀 문제의 해결이 어려워지는 것이리라.

지난 11월 8일 국회는 2002년 예산에서 논농업직불제의 소득보조금을 1ha당 50만 원으로 인상하기로 결정했다고 발표했다. 금년 8월경부터 공론화되기 시작한 쌀 문제 해결책의 한 대안으로서 수없이 제기되었던 것이 이제야 50만 원으로 인상하게 된 것 같다. 그런데 이왕에 50만 원으로 인상키로 하였으면 빨리 공표하여 농가들을 조금이라도 일찍 위로하도록 하면 좋았을 것을 처음에는 어렵다고 하였다가, 조금 지나서는 35만 원으로 인상할 수 있다고 하더니 또 50만 원으로 인상하는 등, 무슨 큰 선심이라도 쓰는 양 하는 정부와 정치권의 작태는 한심하기까지 하다. 농민들이 무슨 선심이나 써 달라고 요구하였던가. 아니지 않은가. 농민도 살고 소비자도 살고, 나아가서 우리 민족 모두가 함께 살자고 하는 것이지 않겠는가. 농심을 너무 모르고 있는 것은 아닐까. 답답할 뿐이다.

답답한 것이 하나 또 있다. 최근의 가장 이슈가 되는 쟁점은 정부가 농협중앙회보고 400만 섬을 시가로 더 수매하라고 한 점이다. 정부는 시가로 수매하라고 하지만 농민들은 2등급 가격인 57,700원을 요구하고 있다. 정부수매와 똑같이 전국적으로 단일한 가격을 요구하고 있는 것이다. 시가라고 하면 시기별로 가격이 다르고, 뿐만 아니라 지역별, 품종별로 다를 수밖에 없는 쌀 가격을 단일한 가격으로, 더군다나 전국적으로 동일한 가격으로 수매하라고 요구하고 있는 농민들의 심정을 이해 못 하는 바는 아니나, 농협의 입장에서는 답답한 노릇이다. 정부와 농민 사이에서 이러지도 저러지도 못하는 어려운 상황에 처해 있는 것이다.

이와 같이 모두를 답답하게 만든 것은 정부의 책임이 아닐까. 쌀 대책에서 정부가 농협중앙회로 하여금 수확기에 출하되는 물량 중 200만 섬(추가로 200만 섬)을 시가 매입하라고 했을 때부터 이러한 상황이 전개되리라는 것은 예측 가능한 일이었으나 정부는 막무가내식으로 '농협중앙회가 400만 섬 시가 수매하라'고 발표해 버린 것이었다. 지역조합(미곡종합처리장)이 아닌 농협중앙회가 쌀을 매입한다는 것 자체가 애초부터 쌀 가격 및 수급 안정의 대안이 될 수 없었기 때문이다. 답답한 심정일 뿐이다.

[4H 칼럼, 2001]

양정(농정) 패러다임
정립 방향

　　양곡정책을 포함한 우리의 농정은 WTO 체제나 자유무역협정(FTA)이 난무하는 세계 경제의 틀 속에서 생각하지 않을 수 없는 것은 사실이다. 그런데 이러한 세계 경제의 흐름을 빌미로 하여 농업 농촌 농민 문제를 지나치게 간과하고 있는 사회 분위기 조성을 정부가 앞장서고 있는 듯하다 문제의 심각성이 있다. 이제는 농업도 시장이고 경쟁력이며 구조조정을 단행해야 된다는 주장을 정부가 앞장서서 외치고 있기 때문이다. 농업이 가지고 있는 특수성 즉, 토지(농지)문제, 식량안보, 다원적 기능 등 경제적인 안목만을 가지고는 해결되지 않는 독특한 농업문제를 너무나 잘 알면서도, 그것을 국민들에게 이해시키고 설득하기는커녕, 정부가 오히려 앞장서 여론을 오도하고 있는 현실은 정말 이해가 가지 않는다.

WTO 체제가 시장지향의 자유무역을 통한 인류의 후생증대, 농산물시장의 개방과 자유화를 통한 식량문제와 기아 빈곤문제의 해결을 추구하며, 관세와 가격에 직접적으로 영향을 미치는 보조금(Amber Box)은 없애거나 축소하는 것으로만 알려지고 있기 때문이다.

그러나 WTO 체제 하에서도 소득이 큰 폭으로 감소하거나 농업의 다원적 기능에 대한 보조(Green Box)와 생산 감축을 통한 보조(Blue Box)는 가능하도록 되어 있다는 사실은 국민들에게는 잘 알려져 있지 않다. 미국, EU, 캐나다 등 선진 수출국들은 가격보조도 아직 사용하고 있을 뿐만 아니라 막대한 소득 보전 직접지불(Direct Payment)을 시행하고 있다. 예컨대 농업예산중 직접지불 비중을 보면 미국은 20.0%(2000), 캐나다 43%(1996), 스위스 57%(1996), 영국 62%(1997), EU는 77%(1998)에 이르고 있다. 우리나라는 4%(2002)에 불과하다. 또한, 농업소득 중 직접지불 비중을 보면 EU 35%(1996), 캐나다 38%(1996), 미국 47%(1999), 스위스는 평야 지대는 55%(1996), 산악지대는 108%(1996), 그리고 영국은 123%(1999)에 이른다.

특히 미국은 '2002 농업법'에서 1996년 농업법에서 도입하였던 생산자율직접지불제를 유지함은 물론, 1996년 농업법에서는 폐지되었던 목표가격(Target Price)제를 부활하여 시장가격(융자단가)과 직접지불 단가를 합한 금액이 목표가격을 하회할 경우 그 차액을 직접지불 하는 경기대응직접지불제(CCP: Counter-Cyclical Payment)를 신규로 도입하고 있으며, 이를 위해 신규로 49억 불(약 6조 원)을 추가로 직접지불예산으로 잡아 놓고 있다.

이와 같이 선진 농산물 수출국들은 과잉생산구조가 수십 년 전부터 지속되는 대도 불구하고 막대한 규모의 각종 보조금을 투입하고 있다는 사실을 어떻게 이해해야 할 것인가. 시장기능을 얘기한다면 과잉생산 구조 하에서 가격을 지지해 주고 소득을 유지 시키기 위해 보조금을 지불하는 것은 경제논리에 정면으로 배치된다. 그리고 WTO 정신에도 배치된다. 시장의 효율성과 시장기능의 중요성을 몰라서 수십 년, 아니 수백 년 동안 이들 국가들은 농업부문에 막대한 보조금을 지불했고, 앞으로도 지불하려하는 것인가.

미국을 비롯한 식량수출국들은 자국의 농업과 농민을 보호하기 위하여 모든 수단과 방법을 강구하고 있는 데 반하여, 우리의 경우는 WTO 체제를 틈타 농업의 시장 기능만을 강조하려는 사회적 분위기와 철학은 극복해야 할 과제이다. 농업의 축소와 해체는 식량의 생산만 줄어드는 것이 아니라 농민과 농촌이 파괴된다는 사실이고, 그것은 농민이 살아갈 공간이 해체된다는 의미에서 '농민적 권리'의 박탈이기도 하며, 농업의 축소와 해체는 농업의 다원적 기능이 축소된다는 의미이고, 이는 나아가서 국가와 민족 전체에 큰 재난이 될 수도 있기 때문이다.

이러한 시대적 상황에서 현재 일반적으로 주장되고 있는 양 정(農政) 방향은 대체적으로 시장 기능에 의한 수급조정, 생산비 절감 및 품질개선을 통한 경쟁력제고, 그리고 구조조정이다. 물론 이러한 정책 방향이 원론적으로는 타당성이 있으나 그것 자체가 정책이 될 수는 없다는 사실이다. 시장기능의 중요성만 해도 그렇다. 최근 정책당국은 시장의 중요성만을 새삼스럽게 강조하고 있는데 한국농업은 이미 30여 년 전부터 상업 농으로 전환되어 시장기능이 작동되어 오고 있다. 쌀의 경우는 오히려 정부가 시장기능을 축소하거나 억제해 왔다. 수매제도도 따지고 보면 농민은 물론 궁극적으로는 우리 국민 모두를 위하여 시장에 적극 개입하여 가격을 억제하고 시장기능이 작동되지 못하게 한 것이었다. 이제 와서 쌀의 시장기능을 강조하려면 지금까지 수십 년 지속되어온 쌀 정책을 되새겨 보고 시장기능을 강조했을 때 발생할 수 있는 문제점들을 해결해 내려는 노력이 정책의 주요 골자가 되어야 한다.

경쟁력 제고도 원론적으로는 타당성이 있다. 그런데 쌀의 경우 생산비 절감을 통한 가격경쟁력제고에는 한계가 있다는 사실이다. 생산비 중 약 50%가 토지용역비인 상황에서 쌀 생산비의 절감이 몇 %나 가능할 것인가 하는 점이다. 토지용역비만 하더라도 중국은 우리의 10% 수준에 불과하고, 미국의 호당 경지규모는 우리의 200배에 달하고 있기 때문에 생산비 절감을 통한 경쟁력제고에는 한계가 있을 수밖에 없다. 따라서 정책은 경쟁력 제고라는 원론적 방향제시가 아니라 경쟁력을 제고시키려 했을 때 발생하는 문제점 즉, 토지용역비 문제라든지, 품질경쟁력제고 문제라든지 하는 문제들을 어떻게 할 것인가가 정책의 핵심이 되어야 한다.

구조조정이라는 방향도 원론적으로는 타당성이 있다. 그런데 구조조정이라는 것이 농민과 농지를 축소 조정하고, 경쟁력 있는 농산물만 살아남으라는 것이라면 이 또한 원론적 정책에 불과하다는 것이다. 구조조정을 했을 때 발생 가능한 문제점들 즉, 축소되는 토지와 농민(사람)은 어떻게 할 것인가의 문제, 축소하면 과연 경쟁력이 생기는가의 문제 등에 대한 면밀한 분석과 대책이 정책의 핵심이 되어야 한다.

따라서 한국농업의 유지와 발전을 위해서는 새 농정 패러다임과 철학의 정립이 필요하다. 시장이니 경쟁력 제고니 구조조정이니 하는 것은 원론적 수준의 정책 방향에 불과할 뿐이며 이러한 '언어'들이 새 농정의 패러다임을 형성할 수는 없다. 21세기 새 농정 패러다임으로는 농업의 다원적 기능 제고, 지속 가능한 친환경 농업, 양질의 안전한 농산물(쌀) 생산 및 유통, 쾌적한 삶을 영위할 수 있는 농촌공간의 정주화, 정부의 소득지원 정책 강화, 통일에 대비한 농정의 비전 설정, 시장의 역할과 기능제고를 위한 기반조성 등이어야 한다.

주곡(쌀) 정책은 중장기 '자급률 목표'의 설정과 비전을 제시해야 한다. 쌀 소비의 감소가 불가피한 상황에서 생산량이 지속적으로 현재 수준을 유지한다면 가격의 하락은 필연적이고, 더군다나 우리가 원하지 않지만, 중 장기적으로 쌀의 수입은 어쩔 수 없는 사실로 받아들인다면 지금부터라도 무조건적인 100% 자급만을 주장할 수는 없기 때문이다. 따라서 적절한 중장기적인 생산목표(자급률)를 설정하여 놓고 이에 능동적으로 대처하는 것이 다가올 충격을 미연에 방지할 수 있으며, 정부의 양곡정책도 임기응변식 처방이 아니라 목표의 달성을 위하여 함께 노력해야 한다.

이를 위한 기본 방향으로서는 현재의 쌀 정책 및 정책제안은 대부분 시장 기능에 의해서 수급을 조절하려는 실증적 접근방법(Positivism)이었으나, 그보다는 목표를 먼저 설정하고 이 목표를 달성하기 위한 방안을 찾아내는 규범적 접근방법(Normativism)으로 전환할 필요가 있다. 즉, 중장기 자급률을 설정하되 최소한의 수입량을 허용해야 하고, 자급률의 급격한 하향 조정은 지양해야 하며, 생산기반은 어떠한 형태로는 최대한 유지해야 하고, 쌀 생산량의 축소는 쌀 심은 면적의 축소가 불가피하며, 이때 축소되는 농지(논)를 최대한 활용하여 식량 전체의 자급률을 높이는 데 적극적으로 활용해야 한다.

예컨대 2010년의 쌀 목표 자급률을 90%로 유지하려 한다면 쌀 재배면적은 약 22만6천ha가 줄어야 한다. 이때 중요한 것은 쌀을 재배하지 않는 면적을 그냥 폐기하는 것이 아니라 통일에 대비하여 최대한 생산기반으로서 유지해야 하며, 이를 위하여 사회적 비용이 들더라도 감수해야 한다. 이들 농지의 보전방법으로는 타식량작목(밀, 콩, 사료작물 등)을 재배하도록 유도하는 정책이 개발되어야 한다. 가장 중요한 것은 쌀을 재배하지 않게 되는 농민에 대한 적절한 정책, 즉 소득보조정책이나 사회복지 차원의 정책이 동시에 추진되어야 함은 물론이다.

[농정신문, 2002.11.16.]

쌀값 폭락
왜 일어나나

 8월 말 현재, 쌀 가격은 지난해 연말 수확기의 쌀 가격에 비하여 1% 정도의 상승에 그치고 있으며 한 달여 후면 수확이 이루어지게 되어 쌀 가격은 더욱 하락할 것으로 우려되고 있다. 정부가 개입하지 않고 그대로 놔두면 금년 수확기 쌀 가격은 2만여 원 이상 하락할 것으로 분석되고 있어 정부의 적절한 대응이 필요한 시점이다.

 쌀 가격은 왜 하락하는 것일까? 그 첫째 이유는 수급의 불균형 문제이다. 쌀 생산량은 지속적인 다수확 위주의 증산정책으로 1975년 대비 2000년에 113% 수준으로 증가하였으나 가구당 연간 쌀 소비량은 계속 감소하고 있는 추세이다. 2000년 1인당 연간 쌀 소비량 93.6kg은 1975년의 74% 수준에 불과하여 쌀 수급의 불균형을 초래하게 되었다. 둘째 이유는 쌀 재고량 증가와 쌀 계절가격진폭을 거의 기대할 수 없는 상황이라는 점이다. 금년(2001년) 말경이면 전체 쌀 재고량은 161만 톤 정도가 될 것으로 추정되어 FAO 권장량(85만 톤)의 2배 수준이 될 것으로 예측되고 있다. 셋째, 유통주체들의 경영상의 애로로 수확기 쌀시장 출하량을 흡수해 줄 유통주체가 제한적이라는 사실이다. 수확기에 농민들이 집중적으로 출하하지 않고 단경기까지 보관하거나 유통업체에 수탁할 수 있다면 크게 문제될 것이 없으나, 문제는 수확기에 집중되는 자금수요 때문에 농민들은 약 80%의 물량을 수확기에 집중적으로 출하해야 하는 것이 현실이다. 그런데 이 물량을 수확기에 흡수할 여력이 유통주체에는 없다는 데 문제의 심각성이 있다.

금년산 쌀 생산량을 520만 톤으로 예상할 때, 이중 약 80%의 물량이 상품화된다고 보면 약 420만 톤이 된다. 이 상품화된 약 80%가 수확기인 가을에 집중하여 출하된다고 보면 그 물량은 약 336만 톤이 되며, 이중 정부 수매물량을 83만 톤을 제외하면 수확기에 시장에 출하될 것으로 예측되는 물량은 253만 톤이 된다. 문제는 이 물량을 농협 미곡종합처리장(RPC)이 지난해 취급했던 물량 120만 톤을 금년에도 가을에 집중적으로 매입한다고 가정하면(매우 낙관적인 가정임) 133만 톤을 순수 민간 유통주체들(민간 RPC, 임도정공장, 수집상 등)이 매입해 줘야 하는 물량이 된다. 따라서 이 133만 톤 중에서 얼마만큼의 물량을 민간 유통주체들이 매입에 나설 것인가가 하는 문제이다. 그런데 이들이 가을 수확기에 많은 물량을 매입할 것으로 기대하기는 어렵다는 데 문제의 심각성이 있다.

이러한 상황에서 정부가 취할 수 있는 금년 가을 대책이라는 것은 지금부터 수확기까지 공매 처분하려던 지난해 산 쌀과 금년산 수매예정량(83만 톤)을 내년까지는 당분간 공매처분하지 않겠다고 공표하는 것과 미곡종합처리장 등 유통주체들에게 매입자금을 지원해 준다든지 이자율을 낮추어 주는 방법 이외에는 현 단계에서 취할 정책수단이 별로 없어 보인다. 그것은 이미 시기가 늦었음을 의미한다. 적어도 지난해부터, 아니 몇 년 전부터 재고량이 누증되어 왔고, 의무수입물량(MMA)까지도 재고로 쌓여 갔으며, 계절가격진폭이 점차 축소되는 등 금년 상황을 예측가능케 하는 징후들이 곳곳에서 나타났음에도 불구하고 금년 봄까지도 다수확 정책만을 고집해 왔으며, 이 정도의 재고는 별 문제가 되지 않는다고 주장했었다. 이는 지나치게 낙관적인 예측이었으며 금년 상황을 타개하기에는 시간이 너무 없게 하는 요인이 되었다. 왜냐하면, 정책의 집행은 준비과정과 일정한 시간이 경과하여야만 현장에 적용될 수 있기 때문이다.

현재 검토되고 있는 수매등급의 재조정문제라든지, 대북지원문제, 고품질의 양질미 정책, 휴경보상제 등도 실제로 수행한다

하더라도 빨라야 내년부터 도입될 수 있는 정책들이며 금년 상황을 타개하기에는 별 도움이 되지 않는 정책수단이라는데 문제가 있다고 보는 것이다.

어쨌든 금년 상황을 슬기롭게 극복하기 위해서는 생산농민들의 인내와 유통주체들의 노력, 그리고 국민들의 쌀 소비확대에 기대할 수밖에 없는 상황이 되고 말았다. 그리고 늦었지만, 중장기적으로는 첫째, 양질미 정책으로 양정의 틀을 바꾸어야 한다. 이를 위해서는 수매등급 기준을 상향 조정하고 종자공급체계를 전환하는 등의 조치가 뒷받침되어야 한다. 그 밖에도 고품질미 생산을 위한 브랜드 쌀 개발을 위해 계약재배를 확대할 필요가 있으며 이를 위해서는 지역 여건에 적합하고 재배기술이 정립된 계약재배를 시행할 필요가 있고, 처음에는 소량이더라도 명성을 얻어나갈 수 있도록 미질 관리를 철저히 하고 마케팅 전략도 치밀하게 세워 명성을 얻도록 해야 한다. 고품질의 브랜드 쌀 개발 없이는 앞으로 시장에서 존립하기가 점차 어려워질 것으로 예상된다.

둘째, 직접지불제도의 확대를 통한 소득보전정책을 강화해야 한다. 우리 실정에 맞는 다양한 직접지불제도를 도입할 필요가 있으며, 장기적으로는 미국이나 일본 등에서 도입하고 있는 경영체별 소득안정프로그램을 도입해야 한다.

마지막으로 2004년 이후 어떤 형태로든 고품질의 외국쌀이 국내에 반입될 것에 대비하여 모든 주체들이 긴장해야 한다. 따라서 농민들도 쌀시장의 구조적 변화과정에서 제 유통업체들과 위험을 분담하려는 자세가 필요하며 이에 적극적으로 대처해야 한다.

[진보정치, 2001.08.26.]

쌀 문제를
어떻게 할 것인가

　무척이나 무더웠던 금년 여름도 이제 아침이면 제법 선선한 기운이 감도는 눈부신 결실의 계절 가을이 성큼 다가오고 있다. 한낮의 쪽빛 햇볕이 더욱 따가운 것을 보면 금년에도 영락없이 쌀농사가 대풍이 되는가 보다.

　풍년 농사는 온 국민이 꽹과리 치며 기뻐해야 할 경사임에도 한편 우울해지는 것은 금년도 쌀 가격의 하락이 불가피하여 농가소득이 크게 위축될 것이라는 예측 때문만은 아니다. 그것보다는 금년 가을 상황에 대처할 마땅한 정책수단이 없다는 사실이다.

　최근 정부는 수확기 '쌀 수급 및 가격안정 대책(8.29)'을 발표하였으나 효과가 있을지는 미지수이다. 그 이유는 첫째 이미 시기가 늦었기 때문이다. 적어도 지난해부터 아니 몇 년 전부터 재고량이 누증되어 왔고, 의무수입물량(MMA)까지도 재고로 쌓여 갔으며, 계절가격진폭이 점차 축소되는 등 금년 상황을 예측 가능케 하는 징후들이 곳곳에서 나타났음에도 불구하고 금년 봄까지도 다수확 정책만을 고집해 왔고, 이 정도의 재고는 별문제가 되지 않는다고 주장했었다. 이는 지나치게 낙관적인 예측이었으며 금년 상황을 타개하기에는 시간이 너무 없게 하는 요인이되었다. 왜냐하면, 정책의 집행은 준비과정과 일정한 시간이 경과하여야만 현장에 적용될 수 있기 때문이다. 현재 검토되고 있는 수매등급의 재조정문제라든지, 대북지원문제, 고품질의 양질미 정책, 휴경보상제 등도 실제로 수행한다 하더라도 빨라야 내년부터 도입될 수 있는 정책들이며 금년 상황을 타개하기에는 별도움이 되지 않는 정책수단이라는데 문제가 있다고 보는 것이다.

둘째로는 유통주체들의 경영상의 애로로 수확기 쌀시장출하량을 흡수해 줄 유통주체가 제한적이라는 사실이다. 수확기에 농민들이 집중적으로 출하하지 않고 단경기까지 보관하거나 유통업체에 수탁할 수 있다면 크게 문제 될 것이 없으나, 문제는 수확기에 집중되는 자금수요 때문에 농민들은 약 80%의 물량을 수확기에 집중적으로 출하해야 하는 것이 현실이다. 그런데 이 물량을 수확기에 흡수할 여력이 유통주체에는 없다는 데 문제의 심각성이 있다.

정부의 추산에 의하면 금년산 쌀 생산량은 3,600만 석으로 예상되며 이중 금년 수확기에 출하될 것으로 예측되는 물량이 1,948만 석이며, 이중 정부 수매량 575만 석과 미곡종합처리장(RPC)이 흡수해 줄 것으로 기대되는 물량이 550만 석, 그리고 농협 미곡종합처리장이 수확기에 사서 다음 해 수확기에 판매하라고 권하는 물량 200만 석을 제외하더라도 시중에는 약 600만 석의 물량이 나오게 되는데 이 물량은 순수 민간 유통주체(임도정업자, 수집상 등)들이 흡수해 줘야 하는데, 과연 이들이 얼마나 수확기에 흡수할지는 아무도 예측할 수 없는 상황이다. 그런데 이들이 가을 수확기 특히 본격적으로 수확되는 10월에서 11월에 많은 물량을 매입할 것으로 기대하기는 어렵다는 데 문제의 심각성이 있다.

어쨌든 금년 수확기 상황을 슬기롭게 극복하기 위해서는 생산농민들의 인내와 유통주체들의 노력, 그리고 국민들의 쌀 소비 확대에 기대할 수밖에 없는 상황이 되고 말았다. 한 가정에서 쌀 한 가마(80kg)씩만 수확기에 매입해 준다면 최소한 약 400만 석(약 58만 톤) 정도는 흡수할 수 있어 쌀 가격안정에 크게 기여할 수 있으리라는 생각도 해 본다.

그리고 늦었지만, 중장기적으로는 양질미 정책으로 양정의 틀을 바꾸어야 한다. 이를 위해서는 수매등급 기준을 상향 조정하고 종자공급체계를 전환하는 등의 조치가 뒷받침되어야 한다. 그 밖에도 고품질미 생산을 위한 브랜드 쌀 개발을 위해 계약재배를 확대할 필요가 있으며 이를 위해서는 지역 여건에 적합하고 재배기술이 정립된 계약재배를 시행할 필요가 있고, 처음에는 소량이더라도 명성을 얻어나갈 수 있도록 미질 관리를 철저히 하고 마케팅전략도 치밀하게 세워 명성을 얻도록 해야 한다. 고품질의 브랜드 쌀 개발 없이는 앞으로 시장에서 존립하기가 점차 어려워질 것으로 예상된다.

직접지불제도의 확대를 통한 소득보전정책을 강화해야 한다. 우리 실정에 맞는 다양한 직접지불제도를 도입할 필요가 있으며, 장기적으로는 미국이나 일본 등에서 도입하고 있는 경영체별 소득안정프로그램을 도입해야 한다. 그리고 산지 쌀 유통 인프라를 구축에 심혈을 기울여 한다. 물벼상태로 산물 수집할 수 있는 수송수단이나 건조, 저장시설의 확충을 지원해야 한다. 그리고 장기적으로는 휴경에 의한 생산제한정책도 조심스럽게 추진해 볼 필요가 있다.

[경향신문, 2001]

쌀 소비
촉진을 위하여

아버님 밥그릇에만 쌀이 조금 들어가 있고, 어머님과 나의 밥그릇에는 온통 보리쌀과 감자만 들어 있어, 아버님께서 밥을 다 드시지 않고 남기시기를 은근히 기대하며 밥 먹는 속도를 천천히 했던 어린 시절이 생각난다. 아버님은 틀림없이 밥을 다 들지 않고(?) 남기셨다. 쌀밥은 늘 어린 마음을 설레게 했다. 먹고 싶어도 먹지 못하던 시절이었는데 그것이 불과 30~40년 전의 일이다.

사실 쌀은 우리의 주식이지만 해방 이후 지금까지 쌀은 항상 부족하거나 겨우 자급하는 수준 이였다. 쌀이 모자라 분식(밀가루 음식)이나 보리 등 잡곡을 섞어 먹는 혼식을 장려하기도 했고, 9분도 쌀을 도정토록 하기도 했다.

그런데 최근 쌀 소비가 큰 폭으로 감소하여 쌀이 남아돌아 문제가 되고 있다. 먹고도 남는다는 것이다. 격세지감을 느끼지 않을 수 없다. 우리 국민의 1인당 연간 쌀 소비량은 지난해에 93.6kg이었는데 이는 1975년의 74% 수준에 불과하였다. 따라서 재고량이 자꾸만 쌓여 가고 있어 가격 하락의 우려가 어느 때보다 높다. 쌀 산업이 위기인 것이다.

이와 같이 어려운 상황을 타개하기 위해서는 정부의 양곡정책을 양질미 정책으로 전환하고, 농가소득을 보전해 주며, 유통주체들을 지원 육성하고, 고품질의 브랜드 쌀을 개발하여 부가가치를 높이는 등의 노력이 필요하다. 그러나 가장 확실한 방법은 매년 감소하고 있는 쌀 소비를 늘리는 일이다. 물론 식생활의 변화와 서구화로 쌀의 소비가 매년 감소하고 있는데 이를 되돌리기란 그렇게 쉬워 보이지만은 않는다. 그러나 방법이 없는 것은 아니다. 첫째로 쌀의 가공식품을 개발하여 소비를 늘려야 한다. 그러나 유의해야 하는 것은 외국산 쌀을 원료로 이용하는 가공식품의 개발은 국내산 쌀 소비 증가와는 무관할 가능성이 크므로, 국내산 쌀만을 원료로 이용하는 쌀 가공식품이 개발되어야 한다. 햇반이 그 좋은 예이다.

둘째, 생산자와 정부는 미질이 우수하고 밥맛이 뛰어난 품종을 육성하여 브랜드화함으로써 소비자에게 다가가야 한다. 소비자에게 브랜드 이미지를 각인시켜 줄 수 있도록 해야 하며 그래야 쌀 소비를 조금이나마 늘릴 수 있다.

셋째, 유통주체들, 특히 미곡종합처리장은 기능성 쌀 개발에 진력하여야 한다. 최근 일본의 쌀 소비량이 약간 늘었는데 그 이유가 기능성 쌀 때문인 것으로 파악되고 있다.

넷째, 금년 수확기에는 한 가정에서 1가마(80㎏)씩 구입할 것을 제안한다. 그러면 전체적으로는 최소한 500만 석을 소비할 수 있어 수확기 가격안정에 기여할 수 있으리라 생각된다.

다섯째, 청소년과 군인들에게 양질의 쌀을 급식하여 쌀밥에 대한 좋은 인식을 갖도록 하여야 한다. 미래의 쌀 소비 고객이기 때문이다.

[주간 경기, 2001]

'검토'만으로 끝난 직접지불제

　며칠 전 정부가 발표한 '중장기 양곡정책 방향(9.4)'을 보도를 통해 접했을 때 그 방향은 비교적 올바른 길로 향했다고 판단했었다. 생산, 유통, 소비 전 과정을 정부가 전적으로 개입할 수는 없는 상황임과 시장 기능에 맡길 것은 맡길 수밖에 없음을 이해 못 하는 것은 아니었기 때문이다. 그리고 미작경영안정제, 소득안정직불제 등을 추진할 것이라는 내용도 얼핏 포함되어 있었기 때문이다.

　그런데 그 내용을 자세히 들여다보니, 쌀 가격이 하락할 수밖에 없는 상황에서는 직불제에 의한 소득보전이 가장 유용한 정책 수단임에도 불구하고 미작경영안정제와 소득안정직불제 등 다양한 직접지불제 등은 모두 '검토'하겠다는 말뿐이며 무엇 하나 분명하게 제시한 것이 없었다. 예컨대 미작경영안정제 도입만 하더라도 2002년에 전문연구기관을 통해 '연구'하고, 2003년부터 도입 여부를 '검토'하는 것으로 되어 있으며, 2003년에는 현행 논농업직불제 등 각종 직불제의 효과를 '심층 분석'하고, WTO 농업협상 동향 등을 감안하여 선진국형 소득안정 프로그램(예. 소득안정 직불제)의 도입을 구체적으로 '검토할 계획'으로 되어 있다.

무슨 연구와 검토가 그렇게도 오래 걸리는지 모르겠다. 상당히 오래전부터 농촌경제연구원 등에서 연구가 축적되어 있는 것으로 알고 있다. 그럼에도 또 연구하고 검토할 것이라니 이래 가지고서야 정부를 어떻게 신뢰할 수 있을 것인지 안타까울 뿐이다.

또한, 2004년 WTO 쌀 재협상에 대비하여 내년부터 수매가를 안정시키되, 다양한 직불제를 확충하여 농가소득을 보전하기로 했는데, 그 단가를 내년부터 올리겠다는 것도 아니고 소득안정 수준으로 내실화해 나갈 '계획'으로 되어 있다.

직불제에 의한 소득보전을 하겠다는 것도 아니고 안 하겠다는 것도 아닌 그야말로 '연구', '검토', '계획'이라는 말로 국민들을 오도하려는 것은 아닌지 모르겠다.

지난 8월 29일에 발표한 '금년 수확기 가격하락 방지를 위한 긴급 쌀 수급 및 가격안정대책'에서도 소득보전에 대한 내용은 한마디도 없었다. 그래서 이번 중장기 대책에는 뭔가 구체적인 안이 제시될 것으로 기대했으나 전혀 포함되지 않았다.

말로는 쌀 산업의 중요성을 내세우면서도 모든 것을 시장기능에만 맡기고, WTO 체제 하에서 정부가 할 수 있는 확실한 정책인 직불제에 의한 소득보전정책을 단기는 물론 중장기 대책에서조차 전혀 제시하지 않았다. 앞으로 3~4년은 현행 직불제만으로 운용하고, 그나마 2004년 이후에나 직불제의 확대도입을 '검토'할 수 있을 것이란 의미이다. 그것은 우리의 쌀 산업의 위축을 전제로 할 때 가능하다.

지금이라도 소득보전대책을 구체적으로 다시 제시해야 한다. 그렇지 않을 경우 우리의 쌀 산업은 시장 기능에 의하여 급속히 해체적 위기를 맞이할지도 모른다. 쌀 산업의 위축은 시간을 두고 서서히 진행되는 것이 아니라 급속히 진행될 수 있기 때문이다.

[농민신문, 2001]

중장기
양곡정책 방향을 보고

정부가 지난달 발표한 '금년도 수확기 쌀 가격안정 및 수급안정대책(8.29)'과 며칠 전 발표한 '중장기 양곡정책 방향(9.4)'을 보면 정부의 쌀 산업을 보는 시각을 알 수 있게 한다. 지난번 단기 대책에서는 금년 수확기 상황을 염려하여 4조 원을 긴급 투입하는 것처럼 국민들에게 공표했으나, 그 내용을 들여다보면 300억 원의 보조와 3천억 원 정도의 융자금(3% 이자)이 전부이다. 나머지는 금년가을에 어차피 투입하게 되어 있던 자금이었거나 농협 및 민간 미곡종합처리장의 자금이다. 더군다나 쌀 가격이 하락할 경우 농민의 소득보전조치는 전혀 없다.

이번 중장기 대책에서도 양질미 정책으로의 전환, 다양한 직불제 도입, 공공비축제 도입 등을 제시하고 있으나 자금이 투입되는 정책은 별로 없어 보인다. 즉, 돈을 들이지 않고 양정기조만 바꾸려는 것 아닌가 하는 우려를 낳게 한다. 쌀 생산기반을 최대한 유지하고 지키겠다는 의지보다는 가능하면 시장 기능에 맡겨 시장이 문제를 해결토록 한다는 극히 소극적이며 위험한 정책대안이라고 판단된다.

그 이유를 두 가지만 지적하면 첫째, 직접지불제를 통한 농가 소득보전에 대한 구체적인 방안이 제시되지 않았다. 추곡 수매가를 동결하고, 2004년 이후 약정수매제를 폐지하며, 시가 매입 시가 방출의 공공비축제를 도입하고, 2004년 이후의 개방에 대비하여 쌀 가격의 하향안정을 기정사실화하는 등 시장기능의 확대라는 정책 방향을 제시했다. 이러한 정책 기조를 이해 못 하는 것은 아니다. 그렇다 하더라도 쌀 생산기반을 최대한 유지시키겠다면 직불제에 의한 소득보전대책을 시급하게 확대 도입하여야 함에도 불구하고 미작경영안정제와 소득안정직불제 등 다양한 직접지불제는 2004년까지는 모두 '연구', '검토'만 하는 것으로 되어 있다. 현행 논농업직불제도 2003년에 그 효과를 '심층 분석' 하는 것으로 되어 있다. 이는 금년부터 3~4년간은 현행 직불제 만으로 운용하고 새로운 직불제는 도입할 의사가 없음을 분명히 하고 있다. 시장 기능에 맡길 것만을 생각하고, 소득보전조치는 2004년 이후에나 상황을 보아 가며 시행하겠다는 것이니 너무나 한가한 발상이다.

둘째, 민간 유통기구와 산지 쌀 유통 인프라에 대한 정책이 전혀 포함되어 있지 않다. 앞으로 쌀 유통과정에서 정부의 비중은 점차 줄어들 수밖에 없는 반면, 민간유통기구(미곡종합처리장, 임도정 공장, 산지상인 등)의 역할과 비중은 갈수록 늘어 날 수밖에 없다. 이들을 건전하게 육성하고 지원하는 정책이 앞으로 양정의 중요한 비중을 차지하여야 한다. 그리고 수확 후 물벼 산물 수집체계의 조기 구축을 위하여 수송, 건조, 저장시설 등 유통 인프라에 집중적으로 투자하여야 함에도 이번 대책에 포함되지 않았다.

그 밖에도 여러 가지를 지적할 수 있지만, 가장 시급한 것은 WTO 체제 하에서도 정부가 할 수 있는 소득지원정책을 도입하여 농민들의 불안을 해소하고 신뢰를 회복해야 한다. 쌀농사를 시장기능에만 내버려둬서는 장차 우리의 식량안보가 심각한 지경에 이를지도 모르기 때문이다.

[농수축산신문, 2001]

추곡 수매가
2% 인하 유감

정부는 내년도 추곡 약정수매가격을 금년보다 2% 인하하기로 하였다. 6월 임시국회에서 통과해야 하는 절차가 남아 있지만 쌀 가격을 인하하여 가격경쟁력을 제고함으로써 개방에 대비해야겠다는 것이다. 그것이 농민을 위하는 길이요, 한국 쌀 산업이 나아갈 수밖에 없는 유일한 길이라는 것이다.

그런데 과연 이런 식으로 접근해서 한국의 쌀 문제, 나아가서 농업문제가 해결되겠는가 하는 점과 새 정권의 농업문제 인식이 이 정도였는가 하는 회의가 든다.

쌀값을 떨어뜨려 가격경쟁력을 높인다는 것은 일견 매우 타당한 정책목표로 보이나 위험한 발상일 수 있다는 사실이다. 즉, 2~3% 정도 수매 가격을 떨어뜨린다 하더라도 가격경쟁력은 생기지 않는다는 점이다. 국내 쌀 가격이 중국 쌀 가격보다

500~600%가 높은 상황에서 수매 가격을 2% 정도 낮춘다고 가격경쟁력이 생기는가. 설사 UR 협상 결과에 따라 400% 내외의 관세를 부과하여 개방할 수 있다 하더라도 100~200%의 차이를 무슨 재주로 줄일 수 있는가. 더군다나 현재 진행되고 있는 DDA 협상에서 관세 상한치가 설정될 경우에는 더더군다나 그렇다.

이런 주장도 있다. 쌀 수매 가격을 매년 2%씩 인하하면 10년 후가 되면 20% 정도 떨어지게 되어 수입쌀에 관세를 부과하게 되면 어느 정도는 가격경쟁력이 생긴다는 것이다. 과연 그런가. 예컨대 앞으로 10년 후면 2013년인데 그때 가서 가격이 20% 떨어진다면 과연 가격경쟁력이 생기는가. 현재 쌀 가격 기준으로 쌀 한 가마에 현재의 16만 원에서 3만 2천 원이 떨어져 12만 8천 원이 된다면 수입쌀과 가격경쟁력이 있을 것이라고 판단할 수 있는가. 10년 후 쌀 가격이 12만 8천 원이 된다면 그동안 물가는 오를 것이 뻔한데, 그 가격으로 농사나 지을 수 있다고 판단하는 것 자체가 지나치게 낙관적이다.

뿐만 아니라 만약 쌀 가격이 20% 떨어진다면 생산비도 20% 정도는 줄어야 하는데 과연 앞으로 10년 동안 생산비를 그만큼 줄일 수 있는가. 토지용역비가 생산비의 거의 절반을 차지하고 있는 상황에서 생산비 20%를 줄인다는 것은 거의 불가능하다. 다만 대규모 농의 경우는 생산비 20% 절감이 가능할는지도 모르겠다.

따라서 우리나라 쌀의 '가격경쟁력 제고'라는 정책목표는 애초에 달성이 불가능 목표일 뿐이다. 그 불가능한 정책목표를 달성하기 위하여 수매 가격을 인하할 수밖에 없다는 논리는 그야말로 문제의 본질을 감추거나, 쌀 산업의 미래를 시장 기능에 맡기기 위한 눈가림일 뿐이다.

쌀 산업을 해체하지 않고 농민들의 생존권을 유지시키기 위해서는 '가격경쟁력 제고'보다는 '중장기 자급목표'를 90~80% 수준으로 먼저 설정해 놓고, 어떠한 경우라도 이 자급목표를 지킬 수 있는 정책대안들을 찾아야 할 시점이다. 또한, 수매 가격 인하를 먼저 주장하는 것보다는 소득 하락에 따른 소득보전을 어떻게 할 것이며, 농업의 다원적 기능을 감안한 각종 명목의 직접지불제의 구체적 시행방안을 먼저 제시한 다음에 수매가격인하의 불가피성이나 정부의 어려운 점을 농민들과 함께 고민하는 것이 순서일 것이다.

새 정부의 농정이 농업 농촌 농민의 중요성과 독특한 가치를 진정으로 인정하는 철학에 기반을 두기를 기대해 본다.

[전업농경제, 2003.05.20.]

위기의 양정과
신뢰회복을 위한 제언

정책이 소기의 목적을 달성하기 위해서는 정책의 '일관성'과 정부와 정책대상자 간의 '신뢰'가 전제되어야 한다. 상호신뢰가 없는 상황에서는 아무리 그럴듯한 정책이라 하더라도 정책 목표를 달성하기가 어렵다. 최근 정부의 양정을 보면 농민이나 유통주체들이 정부를 신뢰하고 협조할 수 있는 상황이 아닌 것 같다. 그것은 정책의 일관성이 결여되어 있어 정책대상자들에게 신뢰를 주지 못하고 있기 때문이다.

몇 가지 예만 들어보자. 먼저 '2005년부터 현행 수매제도를 폐지하고 공공비축제를 전면 도입하는 정책'이다. 이는 금년 2월에 대통령이 직접 발표했고, 이를 위해 '양곡관리법중개선법률안'을 입법 예고했으나(8.7), 최근에 와서 다시 폐지 시기와 공공비축제도입시기를 3가지 대안을 놓고 검토하고 있다고 농림부 장관이 언론 인터뷰에서 밝혔다(8.9). 이는 매우 혼란스러우며, 심각한 몇 가지 문제를 야기한다.

첫째, 사실 현행 수매제도의 문제점과 한계점은 모든 전문가와 농민들이 이해하고 있는 상황이었다. 그러나 2005년부터 전면 도입해야 할 것인가에 대해서는 다양한 의견이 있었고 농민들은 극구 반대했었다. 그럼에도 정부는 무언가 확신(?)을 가지고 2005년부터 전면 도입한다고 발표한 사안이다. 지금 이를 재검토한다는 것은 늦었지만 잘된 일이다. 그러나 우리가 놓치지 말아야 할 것은 농정 전반에 대한 불신으로 이어진다는 사실이다. 무슨 연유에서 인지 모르나 재검토하겠다는 것은 스스로 결정한 정책을 스스로 신뢰하지 못하는 미흡함과 조급함을 드러내는 것이다.

둘째, 대통령에게까지 보고가 되고 대통령이 직접 발표한 사항을 이렇게 쉽게 바꿀 수 있는 것인가 하는 점이다. 대통령의 신뢰성에 흠이 가는 중대한 사안이라는 사실이다.

셋째, 처음부터 현행수매제도의 폐기와 공공비축제의 도입문제는 수매제 폐기에 따른 부작용을 최소화하기 위한 대안이 시급히 도입된 연후에 연착륙할 수 있는 방안이 강구되는 것이 바람직하다는 농민들과 전문가들의 주장에는 귀 기울이지 않았고, 무엇이 자신이 있어서인지 2005년부터 전면폐기와 공공비축제 도입을 발표하는 아집에 대한 자기 성찰이 없다는 사실이다.

그 밖에도 'Love米 사업'의 경우 준비부족과 사업추진의 불투명성, 사후 대비책의 미비 등으로 사업추진의 불가입장을 감사원으로부터 통보받은 것으로 알려지고 있다(국민일보, 8.12). '미곡종합처리장의 평가시스템 도입' 건도 갈팡질팡 누더기 정책이 된 대표적 사례다. 왜 이리 서두르는지 모르겠다.

이래서는 농민이나 유통주체들이 정책에 대한 신뢰를 보낼 수가 없게 된다. 양정의 위기인 것이다. 조급하게 서둘러서 될 일이 아니다.

지금부터라도 양정에 대한 신뢰회복을 위해서 정부는 정책형성과정에서의 여론 수렴을 좀 더 적극적으로 하고 이견에 대해서도 귀 기울이는 겸허한 자세가 필요하다. 그리고 책임질 일은 책임지는 자세가 필요하다. 그렇게 함으로써 정책의 입안과 결정 과정에서 농민, 유통주체, 전문가들의 다양한 이견을 적극적으로 수렴하여 조금 오래 걸리더라도 신중하게 결정하되, 일단 결정된 정책은 과감히 추진해야 한다. 그것이 신뢰회복의 지름길이다.

[농민신문, 2004.08.16]

공공비축제 도입의
문제점과 과제

정부는 2005년부터 현행약정수매제도를 폐지하고 공공비축제를 도입하는 방안을 검토하고 있는 것으로 알려지고 있다. 사실 공공비축제는 현재의 수매제도와는 그 목적이 다른 제도이다. 즉 현행 수매제도는 수확기에 홍수 출하되는 쌀의 가격을 지지해 주고 단경기에는 가격폭등을 방지하여 소비자의 부담을 줄여주려는 정책목표를 가지고 있는 한편, 공공비축제는 가격이나 소득지지의 목적이 아니라 그야말로 식량안보를 위하여 적정물량을 비축하는 제도이다. 따라서 공공비축제가 마치 현행수매제도의 대안인 것처럼 주장하는 것은 전혀 맞지 않는다.

공공비축제는 적정한 목표 물량을 가을에 시가로 매입하여 시가로 방출하는 제도일 뿐이며 농가의 가격지지나 소비자 보호라는 수매제도 본래의 목적과는 판이하다. 이러한 제도를 수매제도의 대안인 것처럼 호도해서는 안 된다. 다만 현행수매제도를 시행하지 못하는 상황일 경우 여러 가지 대안 중 하나일 뿐이다.

공공비축제는 가격지지라는 개념은 없는 제도임으로 농가의 입장에서 보면 현행 수매제도의 대안으로는 각종 소득안정장치의 도입과 수확기 홍수출하물량의 흡수를 위한 건조 보관 도정 시설의 적절한 배치 등의 정책이 수매제도 대신 들어올 수 있는 제도이지 공공비축제가 그 대안은 아닌 것이다.

현행 수매제도가 생산량의 약 15%만을 수매하고 있고 우루과이 라운드의 결과로 수매자금이 매년 750억 원씩 줄어들어 10여 년 전만 해도 2조 5천억에 이르렀던 것이 현재는 약 1조 4천억 원으로 축소되는 등 한계가 있는 것이 사실이라는 측면에서 현행수매제도를 앞으로도 언제까지나 지속할 수는 없는 상황이라는 점은 충분히 이해할 수 있다. 그리고 중 장기적으로 여러 대안 가운데 하나로 공공비축제를 포함한 다양한 대책이 도입되어야 함도 모두가 공감하고 있는 부분이다.

그럼에도 불구하고 내년 2005년부터 현행수매제도를 폐지하겠다는 것은 실현 불가능한 정책제시이며 이는 책임을 추궁해야 할 사안이다. 현 단계에서 실현 불가능한 발상일 뿐만 아니라 나라를 혼란으로 이끌고 갈 중대한 사안이기 때문이다. 수매제도 폐지를 강행할 경우 수확기 가격폭락의 가능성과 이로 인한 사회적 혼란에 대해 정책당국은 분명히 책임을 져야 한다.

따라서 현행 수매제도는 DDA 협상 등이 끝날 때까지는 지속하면서 적극적인 소득보전대책과 아울러 산지 쌀 유통주체들의 역량을 강화는 정책이 동시에 제시되고, 이와 함께 공공비축제도도 도입하는 것이 바람직하다.

[농민신문, 2005]

'가을'이 두려운 이유

　금년은 우리의 농업 농촌 농민에게는 무척이나 힘든 한 해가 될 것 같다. 지난해 있었던 쌀 재협상과 관련된 국정조사가 진행되고 있어 그 결과가 어떻게 될지 궁금하고, 그 파장이 어떨는지도 걱정이 된다. 정부가 무엇을 얼마나 잘못 협상하여 국회가 나서서 국정조사를 벌여야 하는 지경에 이르게 되었는지도 안타깝고, 무엇보다 정부의 신뢰가 무너지고 있는 듯하여 더욱 가슴 아프다.

　앞으로 국회비준 여부도 초미의 관심사다. 비준이 되든 안 되든 문제가 한두 가지가 아니다. 비준이 된다면 쌀시장의 점진적 개방과 함께 추가적으로 합의한 사항들까지도 이행되어야 하는 부담을 우리는 지게 되어 있고, 비준이 안 된다면 쌀 재협상 합의 결과는 어떻게 되며, 각국과의 추가적인 합의 사항은 또 어떻게 되는 것이고, 앞으로의 절차는 어떻게 되는 것인지 어느 것 하나 확실하지가 않다. 비준이 돼도 걱정, 안 돼도 걱정인 사면 초가의 상황이 우려된다.

또한, 금년부터는 약정수매제도가 사라지고 공공비축제가 도입되며 목표가격을 설정하여 시가와의 차액 중 85%를 보전하는 쌀소득보전직불제가 처음 시행된다. 40여 년 지속되어온 쌀 수매제도가 금년 가을부터 폐기되어 수확기 홍수 출하되는 물량을 흡수하여줄 주체가 명확하지 않아 이 또한 걱정이 앞선다. 550만 석 정도 수매하던 것을 공공비축제하에서는 1년에 약 300만 석 정도만 시가로 수매할 것이니 250만 석의 쌀을 누군가가 흡수해야 한다. 농협이 해야 한다면 현재로써도 농협의 자체매입량이 약 500만 석 정도인데 추가적으로 250만 석을 더 매입해야 한다는 얘기가 된다. 지금도 농협은 쌀의 판매가 버거운 상황에서 그 또한 간단해 보이질 않는다. 수입쌀이 밥쌀용으로 시중에 판매되는 상황에서 비록 그 양이 적다 하더라도 시장에 미칠 파급효과는 간단치 않다.

이에 적절히 지금부터 대처하지 않으면 수확기 홍수출하로 인한 가격폭락 우려와 유통시장의 혼란은 아무리 쌀소득보전직불제를 시행하여 목표가격을 설정해 놓는다 하더라도 수확기에 쏟아지는 물량을 어디에선가 흡수하여 보관 건조하지 않으면 쌀이 갈 데가 없어, 생각보다 더 큰 폭으로 가격이 폭락할 우려도 있는 것이다. 그럴 경우 직불제에 의한 보전액이 예상보다 훨씬 커지지 않을까 걱정도 된다.

아무리 대책을 철저히 수립한다 하더라도 한계가 있을 것이고 더군다나 농민들의 불안감은 쉽사리 지워지지 않을 것 같다. 평생에 처음 부딪히는 대변화이기 때문이다. 개방화 시대라고는 하나 이렇게 급격한 정책의 전환은 없었기 때문에 더욱 그렇다.

이제 서너 달만 지나면 가을 수확기가 된다. 아무리 긍정적으로 이해하려 해도 걱정이 되는 것을 어찌 하랴. 충격과 혼란이 작지 않으리라 판단된다. 그것은 '용감한' 정책의 전환과 대외여건의 변화를 한꺼번에 온몸으로 감당해야 하는 상황을 정부 스스로 만들고 말았기 때문이다. 최악의 상황을 가정하여 정부와 생산자, 농협, 그리고 전문가 등이 함께 적극적으로 지혜를 모아야 할 시점이다. 일은 이미 벌어졌기 때문이다.

[한국농어민신문, 2005.06.]

양정 전환 시기
유감

 정부는 금년부터 쌀 약정 수매제도를 없애고 공공비축제와 쌀소득안정을 위하여 쌀 소득보전직불제를 시행하기로 했다. 목표가격 17만 원을 설정하는 등 전면적인 양정 개혁을 시도하였다. 그런데 안타까운 것은 지금이 꼭 그 시기이냐 하는 점이다. 지난해 2004년은 쌀 재협상이 진행되고 있어 2005년에는 쌀 재협상과 결과에 관한 사회적 논란이 있을 수밖에 없고, 국회에서의 비준논란도 불을 보듯 자명했다. 정부와 농민은 물론 사회 전체가 혼란의 와중에 있을 수밖에 없는 진통의 시기라는 점은 삼척동자도 예측할 수 있는 일이었다. 쌀 재협상과 관련된 비준문제, 대책문제, 농민들의 불안 심리 확산, DDA 협상의 진행 등 난제들이 한두 가지가 아니라는 사실이다. 그것은 2005년 8월 현재 그대로 현실로 나타나고 있지 않은가.

그럼에도 정부는 수십 년 동안 지속되어 오던 수매제도를 용감하게도 2005년 금년부터 중단했다. 모르면 용감해질 수 있는지 모르겠으나 쌀 비준과 관련된 농민과 사회적인 갈등을 풀어내기도 쉽지 않을 것을 수매제도마저도 바꾸어 혼란을 더욱 부채질하는 꼴이 되고 있는 것이다. 물론 지난해까지 실시하던 약정수매제도는 UR 협상 이후 수매자금이 연간 750억 원씩 삭감되어 수매물량이 점차 줄어들 수밖에 없으며, 어찌 되었던 현 상황에서 마냥 지속될 수 있는 제도가 아니라는 것은 농민은 물론 모든 전문가가 알고 있는 사실이다. 그런데 그 시기를 2~3년 정도 늦추어 DDA 협상 등을 지켜보면서 바꾸어도 늦지 않을 뿐만 아니라 2005년도의 쌀 비준에 따른 사회적 혼란과 뒤섞여 갈등을 더욱 크게 조장하는 우를 범하고 말았다. 지금 현재 쌀 협상 비준과 관련된 갈등, 쌀 대책 문제, 공공비축제 시리에 따르는 매입물량, 매입방법, 매입가격, 지역별 품종별 차이 문제 등 한두 가지가 아님을 우리는 알고 있다.

물론 수매제도를 2~3년 늦춘다고 모든 문제가 해결되는 것은 아니지만 쌀 비준 문제부터 풀어나가고, 2~3년 동안 집중적으로 유통 인프라 구축을 위한 투자와 노력, 마케팅 방법의 개발, 대국민 홍보, 급식문제의 해결 등 수매제도가 없어졌을 경우 발생할 수 있는 문제들을 해결하기 위한 대책을 적극적으로 수립하면서 농민들의 불안감을 해소하면서 양정을 연착륙시켰어야 했다. 지난해 양곡관리법의 개정과정에서 농민들이 그토록 반대했고 필자도 고위층에 건의도 하고 글도 썼으나 소위 수에 밀려 소수의견으로 취급되었고 양정제도는 금년부터 바뀌게 되었다.

현재의 사회적 갈등과 농민들의 격렬한 저항, 국회의 고민 등이 모든 갈등구조의 원인은 쌀 재협상과 관련된 비준문제가 아니라 쌀 제도의 용감한(?) 변화에서 기인한다는 사실이다. 바뀐 제도하에서 난국을 극복하려 하니 문제가 더욱 어려워지고 있는 것이다.

따라서 지금에라도 정부는 책임 있는 조치들을 취하여 농민들의 불신과 저항을 겸허히 받아드려야 한다. 가능하다면 양곡관리법을 다시 개정하여 앞으로 2~3년은 수매제도의 틀을 유지하고 2~3년 후의 대책을 적극적으로 수립하는 것이 최선으로 보인다. 그러나 현실적으로 법 개정은 불가능하다면 갈등구조를 더욱 증폭시킨 것에 대한 책임 있는 조치들이 강구돼야 할 때다.

[농민신문, 2005.08.31.]

쌀 산업의
유지 발전을 위하여

최근의 쌀 가격 폭락사태와 쌀 비준안의 상임위 통과는 농민들에게는 충격임이 틀림없다. 그래서 정부는 연일 많은 대책을 내어놓고 있으나 이미 초토화된 농심과 쌀시장의 충격을 흡수하기에는 역부족이다. 호미로 막을 것을 가래로도 막기 어려운 상황으로 몰아넣은 것이다. 이미 터져버린 둑을 호미로 막으려 하니 노력은 노력대로 들고 돈은 돈 데로 들어가도 되질 않는다. 공공비축물량 300만 석 외에 200만 석을 더 흡수하느니, 공매를 하지 않느니, 농협매입물량을 늘리느니, 목표가격 17만 원을 설정하였느니 법석을 떨어도 별 소용이 없어 보인다. 더군다나 쌀 비준문제까지 겹쳐 그야말로 혼돈의 도가니다. 사회의 갈등을 야기하고 있는 것이다. 정부와 농민, 농민과 국회, 국회와 정부, 국민과 농민 간의 갈등이 그것이다.

왜 이 지경이 되었는가. 그것은 쌀 비준과 관련된 문제는 차치하더라도 정부가 추곡수매제도의 기능과 직·간접 파급효과를 간과한 데서 기인한다. 사실 수매제도는 UR 협상 이후 매년 750억 원의 수매자금을 감축해 오고 있어 10년 전 2조 5천여억 원이던 것이 최근에는 1조 5천여억 원 정도로 줄어들어 있었다. 따라서 수매제도에 의한 매입물량도 최근에는 생산량의 약 15%인 500만 석 내외로 줄어들 수밖에 없기에 마냥 지속될 수 있는 제도는 아니었다. 그렇다고 하여 하루아침에 수매제도를 없애고 새로운 제도를 도입하는 것은 성급했다. 수확기 가격폭락이 우려되고 정부의 소득보전직불금이 급격히 늘어날 수 있으므로 신중해야 한다고 누차 지적했다. 수매제도를 폐기하는 것이 급한 것이 아니라 민간유통조직의 경쟁력 강화와 육성지원, 마케팅전략의 보급, 수요개발정책, 고품질생산정책, 안전성확보정책 등 급한 일이 한두 가지가 아니기 때문이다.

그러나 정부는 일부 관변학자들의 주장에 근거하여 쌀수매제도가 더 이상 쌀 농가 소득지지에 도움이 안 된다는 성급하고도 무지한 판단으로 결국 쌀수매제도를 용감하게(?) 중단하고 공공비축제 및 쌀소득보전제를 도입하기에 이르렀다. 이는 쌀시장과 유통구조, 그리고 농민의 정서와 생산과 판매행위 등에 대한 종합적인 현실인식이 지나치게 협소하고 부족한 데서 기인하는 정책 실패였다.

중요한 점은 수매제도가 쌀 농가의 소득지지 효과가 없다는 주장이 단견이고 잘못된 시각이라는 사실이다. 수매제도만 있었다면 적어도 지금과 같은 급격한 가격폭락은 없었을 것이다. 과거 수매제도가 있으므로 인해서 수매물량 이외의 물량, 즉 농협이나 민간 유통주체들이 매입하는 쌀 가격에 영향을 미쳤기 때문에 농민의 입장에서 수매제도는 직 간접으로 소득을 지지해 주는 중요한 제도였던 것이다.

그러나 이미 제도는 바뀌었으니 답답한 노릇이다. 농민단체에서는 수매제도의 부활을 요구하고 있으나 쉬워 보이지 않는다. 이런 상황에서 가장 확실한 방법은 실질적으로 소득이 보전될 수 있는 장치를 마련하는 방법밖에는 없어 보인다. 즉 쌀소득보전직불제의 '목표가격'을 상향 조정함은 물론 '시가'를 전국평균가격으로 설정할 것이 아니라 도 단위로 설정하여 실질적으로 소득이 보전되도록 해야 한다. 그럴 경우 정부의 예산이 더 늘어날 수 있는바, 이는 우리 사회가 감당할 수 있을 것이라 판단되며 농업 부문 예산을 적절하게 사용하면 가능할 것으로 보인다.

농가 입장에서 소득만 확실하게 보전이 된다면 시장에서 가격이 내려가더라도 문제가 안 되며, 그렇게 되면 민간유통주체들의 '수탁' 사업도 가능해질 것으로 판단된다. 지금까지 농협이나 민간유통주체들은 수확기에 농가로부터 현금으로 쌀을 '매입'하는 것이 관행이었다. 그러나 앞으로는 계절가격진폭을 기대하기가 어렵고 쌀 가격도 낮아질 수밖에 없는 상황에서 수확기에 유통주체들이 '매입'하는 것은 어려운 상황이다. 따라서 농민들은 쌀 가격이 얼마가 되든 일정 수준의 소득이 보장된다면 수확기에 쌀을 유통주체들에 맡기고 유통주체들은 이를 판매한 연후에 정산하는 '수탁' 사업이 가능할 수 있을 것이다. '수탁'이 먼저가 아니라 '소득보전대책'이 먼저여야 한다.

[한국농어민신문, 2005]

식량안보,
식량주권을 위한 쌀 대책

최근 정부는 쌀 재협상의 국회비준과 관련하여 추가적인 쌀 대책을 강구하고 있다. 지금까지 추가적으로 제기된 대책은 쌀소득보전 직불제의 목표가격과 시가와의 차이 중 고정직불금을 1ha당 60만 원에서 120만 원으로 올려야 한다는 것과 공공비축제의 비축물량을 600만 석이 아니라 1,000만 석으로 하자는 주장 등이 있다. 이러한 추가적인 대책은 앞으로 좀 더 논의하여 결정하면 된다.

문제는 보다 근본적으로 우리의 쌀 산업이 유지되고 발전함은 물론 식량안보와 식량주권을 위한 대책은 무엇이며, 무엇이어야 하는가에 대한 진지한 고민과 대응책이 제시되어야 하는 시점이라는 판단이다. 어떻게 하면 국민들의 이해를 얻을 수 있을 것인가 등에 대한 진지한 고민이 있어야 하는 시점이다. 고정직불금 조금 올리고 비축물량 조금 올리면 단기적으로는 도움이 되겠지만, 근본적으로 한국 쌀 산업의 경쟁력제고와 유지 발전에는 별로 영향을 미칠 것 같지가 않다. 고사의 위기 상황을 맞이하게 될지도 모른다는 점에서는 별 차이가 없어 보이기 때문이다.

차제에 식량안보, 식량주권을 위한 쌀 산업의 유지 발전을 위한 본질적인 대응책을 제시하고 공론화해야 할 시점이다. 이러한 논의의 기초를 제공하기 위하여 다음의 몇 가지 대책을 제시하고자 한다.

무엇보다 먼저 농업 농촌의 다원적 기능과 식량안보의 중요성에 대한 범정부 차원에서의 홍보와 국민적 이해를 유도해야 한다. 유럽처럼 농업 농촌의 중요성과 역할을 정부가 앞장서서 국민들에게 알리고 동의를 구해나가야 하고, 경쟁력제고나 구조조정을 하면 우리의 농업이 국제시장에서 경쟁력이 크게 제고되는 것처럼 홍보해서는 안 된다. 물론 농업 내부에서는 농민을 포함한 유통주체, 정부 모두가 경쟁력제고를 위하여 총력을 기울이더라도 국민들에게는 농업 농촌의 본질적 가치에 대한 국민의 이해를 구해 나가야 한다.

둘째로는 식량안보 역량의 강화와 인식의 전환이다. 식량안보나 식량주권은 인류의 역사와 함께 시작되었으며 미래에도 변함없는 덕목일 수밖에 없다. 그 중요성이 때로는 상대적으로 희석되기도 하나 다시 또 그 중요성이 중요해지곤 하는 순환성을 가지고 있다. 국제 농산물시장의 불안요인은 전쟁의 위험을 포함하여 생태학적 위험, 농작물과 가축의 질병, 방사능 오염, 농산물수급의 변화 등 다양하게 나타나는데 식량안보와 식량주권은 이 같은 위험에 대한 보험 차원에서 이해될 수 있다. 식량안보를 위한 공공지출은 국민적 위험회피의 기능을 수행하고 있으며 위험회피를 위해 보험료를 지불하는 것으로 이해해야 한다. 이를 위하여 농업 농촌의 중요성과 가치를 국민에게 알리는 작업을 늦었지만, 지금부터라도 적극적으로 추진해야 한다.

셋째로는 식량자급목표와 생산기반유지 목표 설정을 통한 비전 제시로 농민의 불안을 해소해야 한다. 식량수급목표와 논 면적의 유지 목표를 설정하자는 것은 국가와 민족의 존립을 위한 최소한의 주권이며 식량안보와 농업의 다원적 기능을 유지해야 한다는 당위에서 출발해야 한다.

이러한 근본적인 대책을 수립하고 이를 바탕으로 미래에 대한 비전을 제시해야만 전환기에 처한 쌀 산업을 살릴 수 있다. 단기적인 처방만으로는 곧 고사하고 말지도 모르기 때문이다.

[한국농어민신문, 2005.08.04.]

쌀 농업
살려야 한다

   농민들이 그렇게도 저항했던 쌀 비준안은 국회를 통과했고 앞으로 10년 후면 쌀시장은 전면 개방의 길로 들어서게 되었다. 관세화 개방을 10년 유예하였으나 그나마 DDA 협상 결과에 따라서는 곧 개방의 길로 들어설 줄도 모르게 되었다. 그런데 이 '개방'이라는 것을 이제는 모든 것을 시장기능에 맡겨야 하고, 농민들이 알아서 농사를 지어야 하며, 농촌에 살든 떠나든 본인의 판단이고, 이제는 경쟁력이 있는 농민은 살고 경쟁력이 없는 농민은 죽으라는 식으로만 인식해서는 안 된다.

   사실 WTO 체제는 시장지향의 자유무역을 통해 인류의 후생을 증대시키고, 농산물시장의 개방과 자유화를 통해 식량문제는 물론 기아와 빈곤의 문제를 해결하는 것 등을 목표로 하고 있다. 그러나 클라크(Tony Clark, 폴라리스 연구소 의장)는 'WTO가 민족

국가의 인민 주권으로부터 전 지구적 다국적기업의 인민주권으로의 이행을 가속화하고 확장시키는 메커니즘'이라고 강조하였고 코어(Martin Khor, 제3세계 네트워크 대표)는 'WTO가 남반구의 후진 개발도상국을 지배하기 위한 도구'라고 이미 수년 전에 설파한 바 있다. 그러한 예측들이 하나하나 드러나고 있는 것이다.

최근 유엔 경제사회국(DESA)의 '불평등의 곤경'이라는 보고서에 의하면 WTO 체제가 출범한 이후 지난 10년 동안 세계 경제가 크게 성장했음에도 불평등은 심화되고 있다는 것이다. 세계 인구 20%가 지구 상의 부 80%를 차지하고 있고, 전 세계 80%의 국내총생산을 선진국 10억 명이 차지하고 있으며, 남은 20%를 후진국 50억 명이 나눠 갖고 있다는 것이다. 또한, 세계화의 진전이 낳은 이런 불평등의 심화는 국가와 국가 사이는 물론 한 국가의 내부에서도 심각해졌다는 것이다. 후진국의 실업률이 선진국보다 훨씬 높을 뿐만 아니라 많은 나라에서 실업률이 급증하고 빈부 격차가 확대되어 잘사는 나라는 점점 잘살게 되고 못사는 나라는 점점 못살게 되었다는 것이다.

결국, WTO 체제는 국내적으로도 소위 경쟁력이 있는 특정 산업은 성장하게 되고 그렇지 못한 산업은 축소되거나 사라지게 되어 이 부문 종사자의 소득은 하락하게 된다. 즉 농업은 그 중요성이나 공익적 가치가 큼에도 불구하고 어느 나라를 막론하고 경쟁력이라는 잣대만을 들이댔을 경우에는 타 산업과 비교해 볼 때 경쟁력이 없는 특성을 가지고 있다. 그런데 WTO 체제는 경쟁력만을 지나치게 강조함으로써 농업이라는 산업이 상대적으로 위축되거나 사라질 위기 상황으로 빠져들게 되는 것이다.

그러나 선진국의 농업 농촌은 다양한 형태의 보조금과 투자에 의해 유지되는 데 반해 그럴 재정적 능력과 의지가 없는 대부분 후진국의 농업 농촌은 해체적 위기 상황으로 빠져드는 것이다. 이는 결국 국가 공동체의 위기로 연결되고, 식량안보는 물론 식량주권의 확보마저도 어렵게 하는 심각한 상황에 빠지게 되며 결국 국토와 환경의 황폐화로 지속 가능한 국가 발전을 어렵게 하는 것이다.

우리는 현재 '존재'하고 있는 WTO 체제를 부정할 수는 없지만 WTO 체제가 가지고 있는 문제점이나 한계 등에 대해서는 정확히 인식할 필요가 있음에도 그렇지 못하다. 우리 사회는 지나칠 정도로 WTO의 순기능만을 강조할 뿐, WTO 체제 이면의 이중성이나 부도덕성은 애써 외면하려는 경향이 지나쳐 안타까울 뿐이다. 지금부터라도 WTO의 한계와 문제점, 이중성이나 부도덕성을 직시해야 한다. 농업 농촌을 지키고 쌀을 살리기 위한 철학과 새로운 패러다임의 정립이 필요하며 이를 바탕으로 농정이 수립되어야만 한다.

이러한 농정철학을 바탕으로 식량안보 역량을 강화하고 식량자급목표를 제시해야 한다. 식량안보는 인류의 역사와 함께 시작되었으며 미래에도 변함없는 덕목일 수밖에 없다. 그 중요성이 때로는 상대적으로 희석되기도 하나 다시 또 그 중요성이 중요해지곤 하는 순환성을 가지고 있다. 쌀시장의 개방 여부와는 상관없이 식량안보나 식량주권의 국가적 중요성은 변함이 없다.

또한, 식량자급목표와 생산기반유지 목표 설정을 통한 비전 제시로 농민의 불안을 해소해야 한다. 식량수급목표와 논 면적의 유지 목표를 설정하자는 것은 국가와 민족의 존립을 위한 최소한의 주권이며 식량안보와 농업의 다원적 기능을 유지해야 한다는 당위에서 출발해야 한다. 쌀 자급률 목표의 설정을 위한 구체적 방안으로서는 중장기 자급률을 설정하되 최소한의 수입량을 허용해야 하고, 자급률의 급격한 하향 조정은 지양해야 하며, 생산기반은 어떠한 형태로든 최대한 유지해야 하고, 쌀 생산량의 축소는 쌀 식부 면적의 축소(생산조정)가 불가피하며, 이때 축소되는 농지(논)를 최대한 활용하여 식량 전체의 자급률을 높이는 데 적극적으로 활용해야 한다.

뿐만 아니라 농지의 최대한 보존이 전제되어야 한다. 이들 농지의 보전방법으로는 타식량작목(밀, 콩, 사료작물 등)을 재배하도록 유도하는 정책이 개발되어야 하며 가장 중요한 것은 쌀을 재배하지 않게 되는 농민에 대한 적절한 정책, 즉 소득보조정책이나 사회복지 차원의 정책이 동시에 추진되어야 한다. 이를 위하여 농업 농촌의 중요성과 가치를 국민에게 알리는 작업을 늦었지만,

지금부터라도 적극적으로 추진해야 한다.

현재 우리나라의 식량자급률은 26% 정도이며 그나마 쌀을 제외하면 2%도 안 되는 나라이다. 그나마 주식인 쌀만 자급하고도 조금 남을 뿐 매년 수조 원어치의 곡물(밀, 옥수수, 콩, 잡곡 등)을 수입하고 있다. 이러저러한 이유로 쌀의 자급이 계속 하락할 경우 주식인 쌀을 천문학적인 비용을 들여가며 수입해 먹는 상황을 우리의 후손들은 맞이하게 될지도 모른다. 또한, 아직도 쌀에서 얻는 소득이 농업소득의 절반을 차지하고 있고 곡창지대의 경우 거의 쌀에서 소득을 얻고 있어 농가의 소득을 지탱해 주는 중요한 작물이라는 사실이다.

뿐만 아니라 쌀 농업은 국토의 정원사로서 아름다운 경관을 제공하고, 홍수를 조절하며, 공기를 정화시켜 주고, 토양의 유실을 방지하여 수질을 정화시키는 역할을 한다. 또한, 쌀 농업이 존재함으로써 농촌이라는 지역공동체가 유지되고 있으며 우리의 전통과 문화가 숨 쉴 수 있는 공간을 제공하기도 한다. 이러한 기능을 농업 농촌의 공익적 기능 또는 다원적 기능이라 하여 국제사회에서도 인정하고 있다. 우리는 선진국이 그러하듯 이를 적극적으로 받아들여 우리 모두가 공유해야 할 가치라는 사실을 깊이 인식해야 하며, 이러한 인식과 철학을 바탕으로 농정이 추진되어야만 지속 가능한 우리의 쌀 농업과 농촌이 존재할 수 있는 대안을 찾을 가능성이 보이기 시작한다. 특히 정부는 이를 누구보다 깊이 인식해야 한다. 말로만 할 것이 아니라 보여줘야 한다.

쌀 농업과 농촌을 유지, 발전시키기 위한 또 하나의 중요한 대안으로 선진국형 농업 농촌정책을 우리도 조속히 도입해야 한다. 사실 WTO 체제 하에서는 농산물도 예외가 아니어서 자유무역을 통한 개방은 어쩔 수 없으며, 시장기능을 강조할 수밖에 없고, 농민들의 경쟁력제고 노력은 필수임이 틀림없다.

그런데 여기서 중요한 것은 그럼에도 불구하고 소위 농산물 수출 선진국인 미국, EU, 캐나다, 호주 등 대부분의 나라들은 엄청난 액수의 각종 명목의 보조금을 지급하고 있으며 WTO 체제 하에서도 이것이 가능한 제도적 장치들이 있다는 사실이다. 농업 농촌의 다원적 기능을 명목으로 하는 허용대상보조금(Green Box) 지급이 가능하며 품목별 최소허용보조금(De minimis)도 가능하고 농가소득이 급격하게 낮아졌을 때 지급할 수 있는 보조금 등 다양한 형태의 보조금을 지불할 수 있는 장치들이 있다. 예컨대 미국 쌀 농가소득의 약 50%가 각종 명목의 보조금이며 EU 농업예산의 약 80%가 보조금으로 이루어져 있고 캐나다는 농가소득 안정 프로그램을 시행하는 등 사실상 선진국 농업의 경쟁력과 농촌의 유지는 각종 명목의 보조금에 의해 이루어지고 있다는 사실이다. 그러나 제3세계 국가들이나 개발도상국들은 국가재정이 없으니 농업 농촌에 투자하거나 지원할 수 없을 뿐이다. 이 부분이 우리 사회에서는 너무나 알려져 있지 않다.

따라서 농산물의 가격과 품질경쟁력을 제고시키고 안전성을 강화하기 위한 노력을 정부와 농민은 배전倍前의 노력을 해야 한다. 그러나 그것만으로 한나라의 농업. 농촌이 유지되는 나라는 이 지구 상에 어느 나라도 없다는 사실을 직시하여 개별 농가별 소득안정장치를 조속히 도입하는 것이 급선무이다. 우리도 곧 선진국이 되기 때문이다.

마지막으로 긴급하게 파산지경에 이른 농가경제를 구해야 한다. 파산하고 난 후에 아무리 좋은 정책이 제시된다고 해도 소용이 없기 때문이다. 우루과이 라운드(UR)협상이 타결된 1994년에 농가소득은 2,032만 원, 부채는 789만 원으로 부채비율이 38.8%이던 것이 10년이 지난 2004년에는 농가소득은 2,900만 원으로 10년 전보다 약 900만 원이 늘어났는데 반하여 농가부채는 약 1,900만 원이 늘어난 2,689만 원으로 부채비율은 92.7%에 달하고 있다. 농가소득이 10년간 900만 원밖에 증가하지 않은 것은 물가상승률 등을 감안하면 실질소득은 절반 수준으로 줄었다.

농가소득과 도시근로자소득을 비교해 보면 1994년의 농가소득(2,032만 원)은 도시근로자소득(2,042만 원)과 거의 같은 99.5%에 달하였으나, 2004년에는 농가소득(2,900만 원)이 도시근로자 소득(3,736만 원)의 77.6% 수준으로 떨어져 도시와 농촌 가구의 소득 격차는 점점 심화되고 있다.

지금은 농가부채 문제를 공적자금을 투입해서라도 한번은 털고 가야 한다. IMF 사태 이후 160조 원의 막대한 공적자금이 우리 기업과 금융기관에 투입되었고 이들 중 약 절반인 80조 원은 회수되기 어려우며 이는 고스란히 국민들의 부담으로 남게 되었다. 그런데 농업부문에는 지금까지 공적자금이 한 번도 투입된 적이 없다. 상호금융에 의한 고율 악성 부채 6조 원 정도라도 털고 가야 한다.

[민중의 소리, 2005.12.04]

쌀 사태 해결을
위한 제언

　작금의 쌀 가격 폭락사태와 국회 쌀 비준 문제를 목격하면서
우리 사회의 갈등은 과연 누가 조장하고 있는가 하는 문제를 생
각해 보게 된다. 농민인가, 언론인가, 국회인가, 전문가인가. 이들
우리 사회 구성원 모두의 책임일 수 있겠으나 가장 근본적인 갈
등구조 조장의 원인은 대부분 정부가 제공한다는 생각을 지울
수 없다.

　쌀 문제만 하더라도 2005년 금년에는 쌀 비준 문제가 사회적
이슈가 될 수밖에 없어 이 문제 하나만 풀어내기도 어려운 상황
임에도 정부는 수매제도가 농가소득지지 효과가 없기 때문에 폐
지하더라도 가격하락은 5% 정도에 그칠 것이고, 한 가마당 목표
가격 17만 원을 설정하면 쌀값 하락분의 98% 수준까지 농가소
득을 보전해 줄 수 있어 문제가 없을 것이라는 판단이었다. 그러

나 이 같은 예상은 잘못된 것이었음이 지금 쌀시장 현장에서 증명되고 있다.

정부의 정책전환 시기 실패와 전략의 부재를 지적하지 않을 수 없다.

아무튼 현 상황에서 이러한 난제들을 해결하기 위해서는 쌀산업의 비전과 목표를 국가적 관점에서 설정하되, 예컨대 쌀 품질 경쟁력 제고, 유통 인프라 구축, 농협 및 민간유통기구의 활성화, 통일대비 양정 등을 제시하되 무엇보다 농민의 입장에서 시급한 것은 가격이 내려갔을 때 개별농민들의 소득이 어떻게 보전되고 안정적으로 유지될 것인가가 가장 급하고 피부에 와 닿는 과제이다. 119조를 투자하고 몇 천억 원의 돈이 지원된다고 하더라도 농민들의 피부에 와 닿는 정책은 직접적인 소득지원이다. WTO 체제 하에서는 소득을 지원할 수 있는 방법은 얼마든지 있다. 다만 돈이 없거나 의지가 없어서일 뿐이다.

이를 위해서는 지금의 쌀소득보전직불제만으로는 미흡하다. '전국 평균 목표가격과 시가'의 설정으로는 전국 평균 농가에게만 적용되는 제도로서 개별농가 입장에서는 전혀 소득이 제대로 보전된다고 느낄 수 없다. 따라서 지금 당장 모든 쌀 농가의 개인별 신상은 물론 경영실태를 파악하여 데이터베이스화하여야 한다. 쌀 경지면적, 임차면적, 생산구조, 품종, 판매실태, 겸업실태, 부채실태, 소득실태, 생산비 내역 등 생산과 수확 후 관리 실태,

경영실적 등을 전수조사하여 쌀 농가별 경영수지를 파악하여 개별농가별로 소득안정대책을 마련할 것을 제안한다. 시간이 소요된다면 농민들과 정부, 국회가 합의하여 일정을 조정할 수도 있을 것이다. 어쨌든 실질적으로 개별농가 수준에서 쌀농사를 지었을 경우 소득이 어떻게 될 것인지를 예측할 수 있게 하면 농가도 이에 맞추어 경영목표나 비전을 설정할 수 있을 것이다. 다만 소득보조가 실질적으로 이루어지면 소비는 지속적으로 줄어드는데 생산은 줄지 않을 수 있으므로 마을단위 또는 지역 단위에서의 자율적인 생산조정제도도 고려해볼 만하다.

개별농가의 소득이 일정 수준에서 안정화될 수 있다면 농민들은 쌀 가격이 시장에서 얼마로 결정되든 문제가 되지 않음으로 농협이나 민간유통주체에 쌀을 맡겨 판매한 후에 결제하도록 하는 '수탁'이 가능할 것으로 판단된다. 그렇게 되면 유통주체들도 경영압박을 덜 받게 되어 쌀시장이 제 기능을 발휘할 수 있을 것이다.

이상에서 제시한 대안들은 모두 정부의 적절한 재정이 투입되어야 할 사항으로 정부가 강조하고 있는 119조 원의 재정을 적절히 활용하는 방안도 있을 수 있을 것이다. 피부에 와 닿는 소득보전장치의 개발에 집중해서 사용하면 되기 때문이다.

그리고 금년도에 농협이 매입자금을 5,000억 원에서 1조 원으로 늘려 매입물량을 늘리고 있는바 이는 매우 위험한 발상이다. 당장은 쌀 가격안정에 기여할 수 있을 것이나 내년에 어떻게 운용할 것인지 의문이다. 쌀 가격 하락을 더욱 부채질할 우려가 높고 이는 계절가격진폭을 없애거나 역계절 진폭을 발생하게 할 우려가 커 근본적인 대책이 아니라는 판단이다. 임시방편으로 쌀을 감당할 수 없을 정도로 매입하는 것은 근본적인 대책도, 임시방편도 되지 않을 수 있어 신중해야 한다. 그보다는 확실한 소득 안정대책을 개별농가단위로 설정하는 것이 더 시급한 과제이다.

[농민신문, 2005.11.07.]

양곡관리법
다시 개정하라

　　최근 정부와 국회는 양곡관리법을 개정하여 현행약정수매제도를 폐지하고, 공공비축제를 도입하며, 쌀소득안정을 위하여 목표가격 17만 원과 시가와의 차액 중 85%를 보전해 주는 쌀소득보전직불제를 도입한다는 것이다. 이는 얼핏 보면 그럴듯 해 보이나 많은 문제점을 내포하고 있다.

　　먼저 현행 약정 수매제도를 당장 없애고 정부가 구상하고 있는 소득보전장치가 바로 들어올 경우 쌀시장 왜곡현상이 더 심화될 위험성이 우려된다. 수확기에 쌀을 팔아야 하는 대다수의 농민과 유통주체 간에 이해가 상반되어 수확기 쌀시장이 왜곡될 우려가 크다. 외국산 쌀이 적은 양이나마 시중에 밥쌀용으로 유통된다면 가격의 계절진폭이 크지 않을 것은 자명하다. 이런 상황에서 쌀 유통주체들이 수확기에 꼭 쌀을 매입해야 할 이유가 없게 되기 때문이다. 언제든지 필요할 때 매입하여 유통시키면 된다는 인식이 확산될수록 수확기 가격은 폭락할 가능성이 크다. 정부는 농협이 매입량을 지금의 자체매입량 500만 석보다 300만 석 정도를 더 매입하면 된다는 논리이나 이 또한 무책임의 발로이다. 500만 석을 판매하기에도 힘겨운 농협으로 하여금 300만 석을 추가로 매입하여 판매하라고 하는 것은 무리이기 때문이다.

목표가격의 설정에도 문제가 한두 가지가 아니다. 우선 목표가격에 고려하지 않은 변수가 많다. 현행수매가격은 농협 자체 매입물량의 가격에 간접적인 영향을 미치는데 이러한 간접효과가 빠져 있고, 쌀 생산비 증가분이 고려되지 않았다. 현재 제시된 목표가격 17만 원은 앞으로 3년간만 적용되며 그 이후에는 어떻게 한다는 설명이 없고 다만 국회의 동의를 얻게 되어 있을 뿐이다. 이는 목표가격을 점차 낮추어 가겠다는 것을 의미한다. 또한, 목표가격과 시가 결정 과정에서의 사회적 혼란이다. 지역별, 품종별, 품질별 시가의 차이를 어떻게 고려할 것이며 고정형 직불금을 얼마로 할 것인가 등 지금보다 더 복잡한 과정을 치러야 할 판이다. 지역 간 이해득실이 판이하여 지역 간 갈등조장 위험이 있음도 간과할 수 없다. 곡창지역인 호남 충남 등의 농민이 불리하게 되어 있기 때문이다. 목표가격과 시가 차이의 85%를 지급할 경우 전국 평균가격보다 높게 시가가 형성되는 경기 강원지역의 경우 유리하며, 시가가 평균가격보다 낮게 형성되는 지역의 경우 불리하게 되어 있다.

정부와 국회가 하는 일련의 과정을 지켜볼 수밖에 없는 현실이 안타까울 뿐이다. 왜 이리. 현장농민들의 고민을 이해하지 못하고 있는지 모르겠다. 현행약정수매제도는 마냥 지속될 수 없다는 것도 알고 있다. 그러나 지금 이를 당장 폐지해야 할 시기는 아닌 것이다. 식량자급목표의 설정과 법제화를 먼저하고 그 틀 속에서 농업의 다원적 기능 제고와 소득안정이라는 양정기조로 전환해도 늦지 않다. 수확기 쏟아져 나오는 출하물량을 처리할 수 있는 유통주체를 먼저 육성해야 한다. 추곡수매제도는 그 연후에 얼마든지 폐지를 검토할 수 있는 것이다. 그럼에도 정부와 국회는 이를 밀어붙였다. 용감하기 그지없는 일이며, 정책과 의회의 폭거이고, 무전략의 표본이다. 농민이 안중에 없다. 사람이 있어야 쌀 농업도 있고 농촌도 존립할 것이 아닌가. 이러다가는 먼 훗날 우리의 후손들에게 쌀농사를 망치고 농촌이 사라진 절름발이 국토를 남겨주었다는 소리를 듣게 되지 않을까 조마조마하다.

따라서 양곡관리법을 다시 개정하는 것이 최선이다. 그것이 현실적으로 어렵다면 현행수매제도와 같은 효과가 날 수 있도록 당분간은 수확기 출하 물량을 흡수할 수 있는 대책을 시급히 강구해야 한다. 목표가격이 있으니 가격이 내려가면 그 차이를 보전해줌으로써 문제가 없다는 논리는 현장인식부족에서 오는 안이한 발상이기 때문이다. 후손에게 부끄럽지 않은 양정을 기대해 본다.

[농정신문, 2005.03.11.]

수확기 쌀 흡수대책
강구해야

　참여정부 2년의 양정기조는 대체로 규모화에 의한 전업농
화, 그리고 시장기능의 확대에 의한 가격 인하, 가격하락에 따른
소득보전 등으로 요약된다. 이러한 양정기조는 경쟁과 효율성
을 강조하는 신자유주의적 경제관을 바탕으로 하고 있다. 그것
이 기업 및 일반 경제에는 얼마나 유용한지 모르나 농업 농촌 경
제에는 맞지 않으며 농산물 수출 강대국들도 겉으로는 시장기능
과 경쟁력을 강조하고 있으나 실상은 딴판이다. 예컨대 미국농산
물의 경쟁력은 보조금에서 나온다. 최근 한 미국 농업경제학자
의 분석에 따르면 미국의 쌀 산업에 지원되는 보조금은 쌀 소득
의 약 47% 정도 되는데 만약 미국 정부가 이 보조금을 절반으로
만 줄여도 농민들은 쌀을 생산할 수 없게 된다는 것이다. 미국은
보조금을 지급하면서까지 쌀을 생산하게 하고 있는 것이다. 또

한, 이를 수출하기 위하여 우리와 쌀 재협상을 벌여, 미국의 입장에서는 별로 먹지도 않는 자포니카 타입 쌀을 수출하기 위해 혈안이 되어 있는 것을 신자유주의적 경제논리로는 설명할 방법이 없다. 그럼에도 우리의 대부분의 정부 부처와 일부 관변 학자들은 신자유주의적 경제관을 신주 모시듯 하고 있으니 연민의 정을 느낀다.

불행하게도 우리는 쌀 재협상을 통하여 미국과 중국 등의 쌀을 매년 일정 물량씩 의무적으로 사주기로 하고 관세화에 의한 개방은 일단 유예되었다. 그러나 금년 하반기에는 의무수입물량의 약 10%인 4천여 톤의 외국쌀이 밥쌀용으로 시판되게 되었고 매년 확대하기로 했다.

이러한 상황에서 정부와 국회는 양곡관리법을 개정하여 현행약정수매제도를 폐지하고 공공비축제를 도입하며 쌀소득안정을 위하여 쌀소득보전직불제를 도입한다는 것이다. 일련의 과정을 지켜볼 수밖에 없는 현실이 안타까울 뿐이다. 왜 이리 현장농민들의 고민을 이해하지 못하고 있는지 모르겠다. 현행약정수매제도는 마냥 지속될 수 없다는 것도 알고 있다. 그러나 지금 이를 당장 폐지해야 할 시기는 아닌 것이다. 식량자급목표의 설정과 법제화를 먼저하고 그 틀 속에서 농업의 다원적 기능 제고와 소득안정이라는 양정기조로 전환해도 늦지 않다. 수확기 쏟아져 나오는 출하물량을 처리할 수 있는 유통주체를 먼저 육성해야 한다. 추곡수매제도는 그 연후에 얼마든지 폐지를 검토할 수 있는 것이다. 그럼에도 정부와 국회는 이를 밀어붙였다. 용감하기 그지없는 일이며, 정책과 의회의 폭거이고, 무전략의 표본이다.

분명한 것은 금년가을에 당장 수확기 가격폭락이 우려된다는 점이다. 가격이 폭락하면 '목표가격' 17만 원을 기준으로 하여 '시가'와의 차액 중 85%를 보전한다고 하나 이는 얼핏 그럴 듯해 보이나 현장에서는 엄청난 혼란이 야기될 수 있다. 그것은 지역마다, 품종마다, 품질마다 가격이 다를 것인데 어떤 가격을 기준으로 '시가'로 할 것인가의 문제가 발생한다. 약정수매제도 하에서의 수매 가격은 생산량의 약 15%에만 적용되는 가격이나 목표가격 17만 원은 전국의 쌀 농가 전체에 적용되는 가격이기 때문에 지역별, 품종별, 품질별 가격 차이를 반영하기가 여간 어려운 것이 아니다.

따라서 양곡관리법을 다시 개정하는 것이 최선이다. 그것이 현실적으로 어렵다면 현행수매제도와 같은 효과가 날 수 있도록 당분간은 수확기 출하 물량을 흡수할 수 있는 대책을 시급히 강구해야 한다. 목표가격이 있으니 가격이 내려가면 그 차이를 보전해 줌으로 문제가 없다는 논리는 현장인식부족에서 오는 안이한 발상이기 때문이다. 책임지는 양정을 기대해 본다.

[한국농어민신문, 2005.03.14.]

한국 쌀 농업의
유지 발전을 위하여

이제 한국 농업은 쌀 산업마저도 세계화와 신자유주의의 거
센 파고 앞에 맡겨 지게 되었다. 물론 10년간 관세화 유예를 더
받아 놓았다고 하지만 10년 후면 아니 DDA 협상 결과에 따라서
는 빠르면 수년 이내에 전면 개방의 길을 가지 않을 수 없게 되었
다. 양정제도도 수매제에서 공공비축제와 쌀소득보전직불제로
이미 금년부터 바뀌었다. 그야말로 이제 우리의 쌀 농업은 지속
적으로 유지 발전할 것인가 아니면 거센 파도에 함몰될 것인가의
기로에 서 있다.

당연히 우리의 쌀 산업은 유지되어야 하고 발전되어야 한다.
함몰되거나 축소되는 것을 기정사실화해서는 올바른 대책이 나
올 수 없기 때문이다. 이를 위해서는 우리 사회가 먼저 쌀 농업의
중요성과 가치를 철저하게 인식할 필요가 있다. 그것은 쌀은 우

리 농업의 기반을 유지하고 있는 유일한 품목이라는 사실이다. 현재 우리나라의 식량자급률은 26% 정도이며 그나마 쌀을 제외하면 2%도 안 되는 나라이다. 그나마 주식인 쌀만 자급을 하고도 조금 남을 뿐 매년 수조 원어치의 곡물(밀, 옥수수, 콩, 잡곡 등)을 수입하고 있다. 쌀마저 수입해 먹고 살아야 할 경우 수십조 원의 주식을 쌀을 수입해야 하는 상황을 우리의 후손들은 맞이하게 될지도 모른다. 또한, 아직도 쌀에서 얻는 소득이 농업소득의 절반을 차지하고 있고 곡창지대의 경우 거의 쌀에서 소득을 얻고 있어 농가의 소득을 지탱해 주는 중요한 작물이라는 사실이다.

뿐만 아니라 쌀 농업은 국토의 정원사로서 아름다운 경관을 제공하고, 홍수를 조절하며, 공기를 정화시켜 주고, 토양의 유실을 방지하여 수질을 정화시키는 역할을 한다. 또한, 쌀 농업이 존재함으로써 농촌이라는 지역공동체가 유지되고 있으며 우리의 전통과 문화가 숨 쉴 수 있는 공간을 제공하기도 한다. 이러한 기능을 농업 농촌의 공익적 기능 또는 다원적 기능이라 하여 국제사회에서도 인정하고 있다. 우리는 선진국이 그러하듯 이를 적극적으로 받아들여 우리 모두가 공유해야 할 가치라는 사실을 깊이 인식해야 하며, 이러한 인식과 철학을 바탕으로 농정이 추진되어야만 지속 가능한 우리의 쌀 농업과 농촌이 존재할 수 있는 대안을 찾을 가능성이 보이기 시작한다. 특히 정부는 이를 누구보다 깊이 인식해야 한다. 말로만 할 것이 아니라 보여줘야 한다.

지난해의 쌀 협상 과정과 최근 쌀 비준과정에서 보여준 정부의 진실하지 못한 자세와 안이한 태도도 새롭게 바뀌어야 한다. 협상 과정에서는 협상 내용을 비밀이라 하여 이해주체인 농민 단체에게도 제대로 알리지 않았고 2004년 말까지 협상이 타결되지 않으면 자동관세화(관세화 의무) 개방으로 간다는 일방적인 주장만 국민과 농민들에게 되뇌는 등 기만했다. 쌀 비준안 처리 시에도 비준되지 않으면 관세화 개방이 된다는 주장을 또 들고나와 국회와 농민을 압박했다. 대화를 하자고 해도 막무가내였고 비준안을 강행 처리했다. 대화조차 거부할 이유가 없었다. 농민들은 목숨 걸고 정부의 대안이 부족하여 이대로 가면 희망이 없어 농사를 계속할 수 없다고 항변해도 할 것 다했다는 식의 안이한 태도로 일관했다. 이래서는 정부에 대한 농민들의 신뢰는 땅에 떨어지게 된다. 아무리 그럴듯한 대안을 내놓아도 정부를 신뢰하지 않으니 문제의 해결이 더욱 어려운 것이다. 그리고 협조가 이루어지지 않는다. 이를 해소하고 신뢰를 회복하는 일이 또한 급선무이다.

쌀 농업과 농촌을 유지 발전시키기 위한 또 하나의 중요한 대안으로 선진국형 농업 농촌 정책을 우리도 조속히 도입해야 한다. 사실 WTO 체제 하에서는 농산물도 예외가 아니어서 자유무역을 통한 개방은 어쩔 수 없으며, 시장기능을 강조할 수밖에 없고, 농민들의 경쟁력제고 노력은 필수임이 틀림없다. 그런데 여기서 중요한 것은 그럼에도 불구하고 소위 농산물 수출 선진국인 미국, EU, 캐나다, 호주 등 대부분의 나라들은 엄청난 액수의 각종 명목의 보조금을 지급하고 있으며 WTO 체제 하에서도 이것이 가능한 제도적 장치들이 있다는 사실이다. 농업 농촌의 다원적 기능을 명목으로 하는 허용대상보조금(Green Box) 지급이 가능하며 품목별최소허용보조금(De Minimis)도 가능하고 농가소득이 급격하게 낮아졌을 때 지급할 수 있는 보조금 등 다양한 형태의 보조금을 지불할 수 있는 장치들이 있다. 예컨대 미국쌀 농가소득의 약 50%가 각종 명목의 보조금이며 EU 농업예산의 약 80%가 보조금으로 이루어져 있고 캐나다는 농가소득 안정 프로그램을 시행하는 등 사실상 선진국 농업의 경쟁력과 농촌의 유지는 각종 명목의 보조금에 의해 이루어지고 있다는 사실이다. 그러나 제3세계 국가들이나 개발도상국들은 국가재정이 없으니 농업 농촌에 투자하거나 지원할 수 없을 뿐이다. 이 부분이 우리 사회에서는 너무나 알려져 있지 않다.

따라서 농산물의 가격과 품질경쟁력을 제고시키고 안전성을 강화하기 위한 노력을 정부와 농민은 배전의 노력을 해야 한다. 그러나 그것만으로 한나라의 농업 농촌이 유지되는 나라는 이 지구 상에 어느 나라도 없다는 사실을 직시하여 개별 농가별 소득안정장치를 조속히 도입하는 것이 급선무이다. 우리도 곧 선진국이 되기 때문이다.

[한겨레21, 2005.11.]

양정의 오류와
개혁방향

　지난해 정부는 그동안 수십 년 동안 지속되어 오던 쌀수매제도를 아무런 시범사업이나 자료의 축적도 없이 무모하리만치 급작스럽게 폐지하고 공공비축제와 쌀소득보전직불제라는 새로운 제도를 졸속 도입하였다. 농민은 농민대로, 유통주체는 유통주체대로, 정부는 정부대로 갈팡질팡하는 사이 수확기 쌀가격은 전년 수확기보다 15% 가까이 떨어지고 말았다.

　사실 1995년 1월 WTO 체제가 출범하면서 그동안 쌀 정책의 근간을 이루고 있었던 수매제도는 수매자금이 감축대상보조금이라하여 매년 750억 원씩 감축되기 시작하여 1995년에 약 2조 5천억 원이던 수매자금이 2004년에는 1조 5천억 원 수준으로 줄어들었고 이에 따라 수매물량도 과거의 700~800만 석 수준에서 500만 석 내외로 줄어들었다. 정부의 시장개입이 줄어들 수밖에 없게 되자 뭔가 새로운 양곡제도의 개선이 있어야 하지 않겠는가 하는 공감대가 있었던 것은 사실이다. 그러나 2005년부터 급하게 제도를 바꿔야 할 중요한 정책과제는 아니었다. 당시 DDA 협상이 진행되고 있으므로 DDA 협상 결과를 보아 가며 결정해도 늦지 않았을 것이었다. 뿐만 아니라 최근 DDA 협상이 결렬된 상황에서는 수매자금이 현 수준에서 동결됨으로 2004년 수준의 수매제도는 당분간 유지할 수도 있었다. 수매제도의 부활을 주장하는 이유이기도 하다.

혹자는 2014년 쌀의 전면 관세화 개방에 대비하기 위하여 어쩔 수 없다고 주장하고 있으나 수매제도로 바꾼다고 해서 근본적인 문제가 해결되는 것이 아니다. 수매제도의 개편이 급한 것이 아니라 민간유통조직의 활성화, 유통 인프라의 구축, 지역별 마케팅 차별화 전략, 브랜드의 육성, 소비확충방안, 수입쌀의 처리문제, 식량안보와 식량주권을 위한 생산기반의 유지방법, 쌀농가소득안정화 프로그램 개발 등의 양정을 적극적으로 추진하는 것이 더 급하고 중요한 정책과제들이다.

지난해의 공공비축제는 제대로 시행되지도 못하였고 시장만 혼란스럽게 했다. 공공비축제의 적정비축량을 약 600만 석으로 본다면 매년 300만 석 정도 매입하는 것이 옳다. 그러나 지난해에 약 500만 석의 쌀을 매입했다. 이는 예년의 수매량과 거의 비슷한 물량으로 공공비축제의 원래 목적인 '비축물량의 확보'와는 거리가 멀다. 공공비축제 그 자체가 문제가 아니라 현실적으로 제대로 시행할 수 없는 제도를 연습도 없이 시행하였다는 측면에서 문제가 있다. 현재와 같이 운영되는 공공비축제도 하에서는 비축물량, 매입가격, 품질 문제 등 당분간은 매년 농민, 정부, 유통주체들 간에 갈등과 혼란이 있을 수밖에 없게 되어 있다. 공공비축제라 하더라도 비축물량의 공매처분 일정, 물량, 시기 등 정부의 시장 개입은 불가피하다. 이는 결국 공공비축제를 도입함으로써 쌀 가격은 전적으로 시장에서 결정되도록 한다는 것은 현실적으로 어려운 일이며 결국 일정부문 정부의 직 간접적인 개입이 현실적으로 불가피하다. 따라서 공공비축제는 앞으로 필요한 제도이나 도입 시기는 너무 성급했다.

공공비축제와 더불어 도입된 쌀소득보전직불제도 문제점이 한두 가지가 아니다. 목표가격에 생산비 증가가 반영될 수 없는 구조이고 가격이 하락하는 추세라면 목표가격이 3년 후에는 떨어지게 되어 있어 생산비는 지속적으로 상승할 것이 뻔한 상황에서 소득보전이 되지 않을 우려가 크다. 고정형 직불금과 변동형 직불금 설정과정에서 사회적 혼란이 불가피하다. 그것은 목표가격과 시가를 어떻게 하느냐에 따라서 지역별 소득보전 수준이 다르기 때문이다. 고정형 직불금이 임차한 농민에게 가지 않고 지주에게 귀속되는 경우가 허다하며 목표가격이나 시가가 정곡기준으로 되어 있어 농민 입장에서 농민들이 실제 판매하는 벼(조곡

40㎏) 가격으로 다시 환원하는 불편이 있고, 정곡가격에는 가공비나 RPC 이윤이 포함되어 있는 개념이기 때문에 목표가격이 과대 계상된다는 불만이 높다. 목표가격과 수확기 전국 평균가격과 차액의 85%를 직불금으로 보전함으로써 전국평균보다 가격이 낮은 지역의 경우 상대적으로 소득보전율이 낮게 되어 있다.

뿐만 아니라 과거 수매제도는 '수매가격'만 결정하면 되었으나 현행 쌀소득보전직불제는 '목표가격(도별)', '시가(도별)', '소득보전비율', '고정직불금액' 등 결정해야 할 변수들이 한두 가지가 아니어서 매년 갈등과 논란의 여지가 많은 복잡한 제도이다. 따라서 현 소득보전직불제를 농지면적당 고정직불제도로 전면 재개편하는 방안도 고려해 볼 수 있다. 어쨌든 실질적으로 개별 농가 수준에서 쌀농사를 지었을 경우 소득이 어떻게 될 것인지를 예측할 수 있게 하면 농가도 이에 맞추어 경영목표나 비전을 설정할 수 있을 것이다.

다만 소득보전장치가 실질적으로 이루어지면 소비는 지속적으로 줄어드는데 생산은 줄지 않을 수 있으므로 마을단위 또는 지역 단위에서의 자율적인 생산조정제도도 함께 고려해볼 만하다. 개별농가의 소득이 일정 수준에서 안정화될 수 있다면 농민들은 쌀 가격이 시장에서 얼마로 결정되든 크게 문제가 되지 않음으로 농협이나 민간유통주체에게 쌀을 맡겨 판매한 후에 결제하도록 하는 '수탁'이 가능할 것으로 판단된다. 그렇게 되면 유통

주체들도 경영압박을 덜 받게 되어 쌀시장이 제 기능을 발휘할
수 있을 것이다. 확실한 소득안정장치 없이 수탁제도를 도입하는
것은 시장불안의 모든 위험을 생산자가 지게 하는 무책임한 발상
이다. 그리고 정부가 나서서 개입할 일이 아니다. 생산자와 유통
주체 간 문제이기 때문이다.

뿐만 아니라 더욱 본질적이고 근본적인 대안은 쌀 농업의 다
원적 기능, 식량안보, 식량주권 등의 절대적 가치를 우리 사회가
심각하게 인식하는 일이 급선무이다. 어설픈 신자유주의 경제논
리로 농업 농촌 문제를 바라보아서는 원천적인 대안이 나올 수
없다는 사실을 깊이 인식하는 데서부터 농업 농촌 농민 문제의
해결책을 찾아야 한다. 공공비축제와 쌀소득보전직불제가 대안
이라고 역설하며 준비도 없이 제도를 바꾸었으나 현실적으로 운
영상의 많은 어려움이 있어 소기의 목적을 달성할 수 없다는 사
실을 제대로 인식할 필요가 있다. 따라서 양정은 서둘러서 될 일
이 아니며 양정의 우선순위를 선정하여 차근차근 풀어가는 지혜
가 필요하다. 이제 현행 양정을 전면 재검토하는 작업이 급하게
되었다.

[농정신문, 2006.09.]

쌀 목표가격
동결해야 한다

현행 쌀소득보전직불제 하에서는 현행 목표가격 170,083원 (80㎏)을 차기(2008년~2010년) 3년간은 5% 인하해야 하는 것으로 알려지고 있으나 개방에 따르는 농가의 어려움을 다소나마 해소 하기 위하여 목표가격을 최소한 인상은 못 하더라도 앞으로 5년 간 동결하자는 '쌀소득보전에 관한 법 개정안'이 국회 홍문표 의 원에 의해 대표 발의(2007.6)되었으나 국회 농해수위는 지난 16일 본안을 처리하지 못하고 조만간 다시 상임위를 열어 재논의키로 한 것으로 알려지고 있다.

그렇다면 현 단계에서 왜 법까지 고쳐가면서 목표가격을 동 결해야 하는 이유를 몇 가지만 살펴보자. 첫째, 2005년 당시 약 정수매제도를 전격 폐지하고 쌀소득보전직불제와 공공비축제를 도입하였으나 시장기능 활성화나 가격경쟁력 제고 등의 정책목표는 달성되기가 어려운 것으로 파악되고 있고, 제도의 운용 면에서도 매우 복잡하고 결정해야 할 변수들이 너무 많아, 농민과 정부와 국회 간의 긴장과 갈등이 더욱 커질 것으로 우려된다. 당분간 현 제도를 유지하되 목표가격 등은 현재 상태에서 동결시키고 새로운 제도를 검토해야 하기 때문이다.

둘째, 일부에서는 목표가격을 인하해야 쌀 과잉생산과 공급을 억제할 수 있다고 주장하고 있으나 목표가격을 동결해도 쌀의 과잉 공급은 초래되지 않는다. 농경연에 의하면 목표가격을 인하하는 경우에도 2017년 재배면적은 81만 4천ha, 목표가격을 고정시킬 경우에는 84만 3천ha로 전망하고 있어 목표가격이 동결되어도 면적 증가는 미미하다. 앞으로 10년 후에 2만 9천ha 정도밖에 차이가 없다는 것은 거의 무시해도 될 수준이기 때문이다. 또한, 농민의 입장에서 시중 쌀 가격도 아닌 목표가격이 동결되었다고 하여 재배면적을 늘리려 하지는 않는다. 목표가격을 조금 올리고 내리는 것 보다는 농지정책의 변화에 의한 지목변경, 지가변동, 이상기온, 유통시설 등이 생산에 더 큰 영향을 미친다. 따라서 목표가격이 동결되면 면적이 늘어나 과잉생산이 될 것이라는 우려는 기우이며 비현실적인 판단이다.

셋째, 일부에서는 목표가격을 동결하면 구조조정을 지연시킬 것이라고 우려한다. 그러나 목표가격을 동결해도 구조조정을 지연시키지 않는다. 쌀 농가의 구조조정은 시간이 소요되며, 서서히 진행되고 있다. 목표가격을 5% 인하한다고 쌀 농업의 구조조정이 되고 안 되고 하지 않는다. 기본적으로 구조조정을 정부가 나서서 할 수 있는 성질의 것도 아니고 더군다나 정부의 전업농 규모화정책은 이미 그 효과와 실효성이 없음이 학문적으로나 현장에서 검증되고 있는 상황임에도, 정부는 구조조정만이 개방에 대비한 유일한 정책인 것처럼 착각하고 있는 것이 문제이다. 논 면적은 쌀소득보전직불제에 의한 목표가격의 높고 낮음보다 밭으로의 전환, 타용도 전환, 유휴지 등에 의하여 더 크게 영향을 받기 때문이다.

넷째, 일부에서는 목표가격을 인하해야 가격경쟁력이 제고 된다고 주장한다. 그러나 가격을 낮추기 위해 생산비를 낮추려는 노력은 필요하지만, 농지가격의 대폭적인 하락 없이는 쌀 생산비의 약 절반을 차지하는 토지용역비를 절감할 수 있는 방법이 없다.

다섯째, 목표가격을 인하하지 않고 동결하면 재정의 추가적인 투입이 필요하나 감당할 수 있는 수준이다. 농경연의 분석에 의하면 현행 목표가격을 유지하는 경우 2008년에 9,046억 원, 2012년에 1조 6,070억 원이 소요되는 것으로 추정하고 있어 2006년 현재의 재정소요액 1조 1,000억 원보다 크게 증가하지는 않을 것으로 보인다.

따라서 목표가격 문제는 현 단계에서 일단 동결하고 수매, 소득정책을 포함하여 전체적인 양정 방향을 새롭게 모색해야 할 때다. 시장의 기능도 중요하고 규모화도 필요하다. 그러나 그것만으로 우리의 쌀 농업 문제가 해결되지 않는다는 사실을 적극적으로 인식하고 대응해야 할 때이며 이를 위해서는 집중적으로 쌀 농업의 다원적 기능과 중요성에 대한 대국민 홍보, 미질 개선과 안전성 강화, 유통 인프라 구축을 위한 투자와 노력, 다양한 마케팅 기법의 개발, 급식문제의 해결, 수요의 창출과 확대 등이 무엇보다 시급하고 중요한 정책과제이다.

[한국농어민신문, 2007.11.20.]

쌀 정책
소고

2005년 쌀 재협상안의 국회비준으로 온 나라가 들끓고 온 농민들이 불안해하고 있을 때 정부는 40여 년 이상 지속되어 오던 수매제도를 일거에 폐지하고 공공비축제와 쌀소득보전직불제를 전격 도입하였다. 도입이유는 쌀도 시장기능에 맡겨 가격을 떨어뜨림으로써 가격경쟁력을 제고하여 관세화 개방 이후를 대비해야 하고, 시장기능을 통하여 수급을 조절하며 쌀 소득은 가격이 내려가더라도 일정수준 지지한다는 것이었다. 아니나 다를까 2005년 수확기 쌀 가격은 정곡기준으로 약 15%, 조곡기준으로는 약 20% 이상 폭락했다. 정부로서는 성공했다고 미소 지었을지도 모르겠다. 이제 가격은 내려갔고 소득은 쌀소득보전직불제로 보전해 주면 되기 때문이었다. 제도도입이 성공하는 것처럼 보였다.

그러나 과연 수매제도의 개편은 성공을 거두고 있을까. 먼저 쌀도 시장 기능에 전적으로 맡겨 가격이 결정되게 한다는 것도 제도 도입 초기부터 어그러졌다. 공공비축제의 '시가매입 시가방출' 원칙은 지켜지지 못했다. 매입 벼의 기준가격이 정부에 의해 간접적으로 제시되거나 농협매입가격이 시중가격을 유인하는 형태로 산지가격이 형성되고 있다. 실은 이것이 현실이고 쌀의 산지가격은 그렇게 결정될 수밖에 없는 구조를 우리는 가지고 있다. 그것을 무시하고 무조건 시가매입이라는 원칙을 들이댈 수 있는 것이 아님에도 '시가매입 시가방출'을 원칙으로 하는 공공비축제를 졸속으로 도입했고 엄청난 혼란을 우리는 지난 2년 동안 경험했다. 정부 매입물량만 줄었을 뿐 과거의 수매제도와 별로 차이가 없다. 줄어든 물량은 농협이 떠안은 꼴이다.

둘째, 쌀 가격의 하락을 유도하여 가격경쟁력을 제고하겠다는 정책목표는 어떻게 되었을까. 쌀 가격은 2005년에 폭락한 이후 2006년과 2007년 현재까지의 동향을 보면 2005년 가격 수준에서 2~3% 정도 하락하고 있다. 최근 세계에서 가장 비싼 미국산 중립종 쌀 가격이 지난해 동기보다 9% 정도 올랐음에도 톤당 530$ 정도인데 이를 20kg으로 환산하면 1만 원에 불과하여 아직도 우리 쌀 가격의 1/4수준에 불과하다. 가격을 낮추어 경쟁력을 높이겠다는 정책목표는 이미 불가능함에도 아직도 버리지 못하고 있다.

셋째, 쌀소득보전직불제는 목표가격의 설정문제를 포함하여 어떻게 하면 모든 지역의 쌀 농민들에게 실질적으로 소득을 지지해 줄 수 있을 것인지에 대한 검토가 더 시급함에도 불구하고 최근 정부의 개선안을 보면 이해가 가지 않는다. 신규 진입하는 농가는 대상에서 제외하겠다든지, 농외소득이 3,500만 원 이상이면 직불금을 지급하지 않겠다든지, 8ha(법인은 50ha)까지만 지급하고 그 이상은 제외하겠다든지 하는 개선안을 내놓았는데, 신규진입을 막으면 그렇게도 갈망하는 새로운 신규영농후계자나 귀농인은 어떻게 하며, 농외소득이 있으면 안 된다면 직불금 타기 위해서 농외소득을 올리지 말라는 얘기인지, 8ha로 제한하면 정부가 그렇게도 강조하는 규모화라는 정책목표와의 상충성 문제는 어떻게 하며, 무엇보다 논의 다원적 기능은 8ha 이상의 논에는 없다는 얘기인지 혼란스럽다. 문제의 본질도 아니고 중요하지도 않은 사안을 툭 던져 본다는 것은 농정의 신뢰를 더욱 떨어뜨리는 우를 범하게 된다.

지금 우리의 쌀 정책에서 무엇보다 중요한 것은 쌀시장을 가격경쟁력 제고와 규모화를 통해 완전개방화에 대비해야 한다는 조급함과 편협한 문제 인식에 집착하지 말고 좀 더 유연하게 현실을 직시할 필요가 있다. 시장의 기능도 중요하고 규모화도 필요하다. 그러나 그것만으로 우리의 쌀 농업 문제가 해결되지 않는다는 사실을 적극적으로 인식하고 대응해야 할 때다. 이를 위해서는 집중적으로 쌀 농업의 다원적 기능과 중요성에 대한 대국민 홍보, 미질 개선과 안전성 강화, 유통 인프라 구축을 위한 투자와 노력, 다양한 마케팅 기법의 개발, 급식문제의 해결, 수요의 창출과 확대 등이 무엇보다 시급하고 중요한 정책과제이다. 이러한 과제들을 해결하기 위한 대책을 적극적으로 수립하면서 농민들의 불안감을 해소하고 더 나아가 북측의 식량문제까지도 함께 고려하는 통 큰 통일 농정의 적극적인 개발이 더욱 필요한 때다.

[한국농어민신문, 2007.09.17.]

쌀
농가소득안정대책

   2005년 한창 쌀 재협상안의 국회비준문제로 온 나라가 들끓고 있을 때 참여정부는 이제 기존의 약정수매제도는 쌀 농가소득을 지지하는 효과가 미흡하다는 이유로 수십 년간 지속되어오던 수매 방출제도를 폐기하고 새로운 제도를 도입하였다. 그것이 우리가 잘 아는 쌀소득보전직불제와 공공비축제이다. 이제 쌀 가격은 시장에 맡겨 가격하락을 유도하여 쌀 경쟁력을 높이고, 쌀소득보전직불제는 가격이 하락하더라도 쌀 농가 소득을 안정시킨다는 것이었다.

   그러나 당시 수매 방출제도의 폐기가 시급한 것이 아니라 건조 저장 가공과 같은 수확 후 관리 기반의 구축, 유통 및 마케팅 전략의 개발, 품질 및 안전성 제고, 쌀 소득의 안정적 확보 방안 등의 양책이 더 시급하고 급했다. 그럼에도 불구하고 참여정부는 일거에 수매 방출제도부터 폐기하고 만 것이었고, 그 후유증은 지금도 지속되고 있으며, 쌀 농업은 아직도 문제와 해결의 본질을 찾지 못한 채 정부는 갈팡지팡하고 있다.

공공비축제는 수매제도나 다름없는 제도가 되어가고 있을 뿐 제도의 본래의 취지와는 다른 방향으로 가고 있다. '시가매입 시가방출'의 원칙은 현실적으로 지켜지기 어렵고 줄어든 수매량은 농협이 매입하는 형태로 변질되어 있을 뿐이다.

문제는 쌀 가격이 내려가더라도 소득을 보전한다는 쌀소득보전제도마저도 그 취지를 살리지 못하고 있다는 사실이다. 목표가격을 설정하고 시가와의 차액을 지급하는 제도로서 일견 그럴듯한 제도처럼 보인다. 그러나 이 제도는 진정으로 쌀 농가의 소득이나 순수익의 보장과는 상당한 거리가 있는 제도이다. 즉, 쌀소득이라 함은 조수입(가격*생산량)에서 경영비를 제외한 개념이며 쌀 순수익이라 함은 조수입에서 생산비(토지용역비 등 포함)를 뺀 개념이다. 즉 조수입에서 비용을 빼야만 농가의 소득이 되든지 순수익이 된다. 예컨대 쌀 가격이 지난해와 동일하다고 하더라도 생산비나 경영비가 오르면 소득이나 순수익은 떨어질 수밖에 없다. 그것은 기본이다. 그런데도 쌀소득보전직불제는 생산비는 고려하지도 않고 가격만을 기준으로 보전하는 제도임으로 애시 당초 소득보전직불제라 이름 붙일 수 없는 제도이다.

그나마 지난 3년간(2005년~2007년) 적용하였던 80kg 당 17만

83원의 목표가격을 2008년부터는 5% 떨어뜨린 16만 1천 265원으로 설정할 예정으로 알려져 있다. 그러고서도 쌀소득보전직불제가 쌀 농가의 소득을 지지해 준다고 말할 수 있을까. 구체적인 정부의 통계자료를 보더라도 수매제도가 있었던 2001년부터 2004년까지 4개년 평균 논 300평당 쌀 소득은 69만 4천 원이었고 쌀 순수익은 42만 9천 원이었으나 쌀소득보전직불제가 시행된 2005년과 2006년 2년 평균을 보면 쌀 소득은 54만 3천 원, 쌀 순수익은 29만 1천 원으로 각각 21.7%와 32.1%가 감소한 것으로 나타나고 있다. 즉 쌀소득보전직불제는 쌀 소득이나 순수익을 보전하지 못하고 있음을 알 수 있다. 즉 가격하락에만 관심이 있을 뿐 실질적인 쌀 농가 소득보장에는 미치지 못하고 있는 제도임이 증명되고 있다. 가격은 떨어뜨리되 적정수준의 소득은 보장한다는 쌀소득보전직불제는 진정한 의미의 소득안정장치가 되질 않는다. 이는 쌀소득보전직불제가 생산비는 전혀 고려하지 않고 시장가격만을 기준으로 하기 때문이다.

따라서 정부는 목표가격의 인하만을 주장할 것이 아니라 목표가격 설정기준을 바꿔 생산비 상승률이 고려되도록 하고, 고정직불금을 대폭 높이는 방안이 검토되어야 하며, 정부나 농협이 산지 쌀 가격 결정을 주도할 수 있는 상황에서 매입가격을 무조건 낮추려는 자세를 버려야 한다.

정부는 물론 일부에서는 쌀 농가 소득을 보전해 주면 남아도는 쌀의 과잉공급(?)이 걱정되고 이는 결국 쌀 가격 하락으로 이어져 농민이나 정부의 부담이 늘어난다는 논리를 펴고 있다. 그러나 그것은 기우에 지나지 않는다. 사실은 쌀이 과연 처치 곤란할 정도로 과잉 인가하는 점이다. 현재 쌀은 생산면적이 연간 1~2만ha씩 감소하고 있고 이상기후로 작황도 예년같이 않으며 국내 재고량도 과거에는 700만 톤(1,000만 섬)이 넘기도 했으나 최근에는 그 절반 수준에 불과하여 쌀 공급이 과잉이라고만 볼 수 없게 되어 있다. 따라서 쌀 가격이 폭락할 이유도 별로 없다. 이런 상황에서 정부나 농협이 가격을 낮추려고만 하는 것은 쌀 농가소득보전과는 무관하게 조직의 이익만을 추구하려는 단견일 뿐이다. 쌀 농가의 소득을 실질적으로 보전할 수 있도록 하여 우리 농업의 마지막 보루인 쌀 농업을 유지 발전시키려는 적극적인 노력이 필요한 때다.

그래야만 중장기적으로 주식의 안정적 공급과 식량주권, 논농업을 통한 다원적 기능으로 환경과 생태, 자연과 인간의 조화롭고 지속 가능한 발전, 나아가 통일을 대비한 민족 공동번영에 기여할 수 있기 때문이다.

[농정신문, 2007.10.12.]

쌀 직불금
파문 유감

최근 감사원에 의하면 차관급 등 고위인사 12명이 일괄사표를 제출했다고 한다. 감사원의 독립성과 쌀 직불금 감사내용을 제때 공개하지 않은 것에 대한 사회적 파문에 책임을 지겠다는 것이다. 사실 따지고 보면 쌀 직불제도의 문제점과 부조리를 감사한 것은 지극히 잘한 일이었고 박수를 받아 마땅한 사안이다. 문제는 그 감사결과의 처리 과정에서 감사원이 이 눈치 저 눈치 권력핵심의 눈치를 살피다가 감사원의 치부가 드러난 사실이다. 감사원 내부에서조차 자성의 목소리가 나오는 것을 보면 감사원 자체에 문제가 많긴 많은 모양이다. 국정조사에서 뭔가 드러나려는지 모르겠다.

그런데 정작 쌀 직불제도를 뭐가 그리 급한지 번갯불에 콩 구워 먹듯 시행한 농림부(2005년 당시)와 국책연구기관 어디에서도 자성의 목소리가 나오질 않고 있고, 책임지겠다는 소리도 한마디 없어 의아하기 짝이 없다. 쌀 직불제도의 도입과정은 물론이요, 내용의 허술함으로 수십만 명의 엉터리 농민이 직불금을 타갈 수 있도록 해 놓았고, 이것이 이토록 엄청난 사회적 혼란을 야기했음에도 주무부처에서 누구 하나 책임지거나 사과하는 모습을 찾아보기 어렵다는 것은 이해가 가지 않는다.

사실 2005년 전격적으로 해방 이후 60여 년간 지속되어 오던 쌀수매제도를 중단하고 쌀 직불제도와 공공비축제를 도입할 때부터 많은 문제점과 우려를 지적하였으나 막무가내였다. 수십 년 동안 지속되어 왔고 쌀 농가의 소득보장에 크게 기여하여 왔던 쌀수매제도를 없애고 다른 제도를 도입하려면 최소한 2~3년 정도는 기초자료를 축적하고 발생 가능한 위험을 최소화하려는 장치를 마련한 후에 단행하여도 될 일을 무 자르듯 단칼에 아무런 준비 없이 하루아침에 바꾸어 버린 것이다. 한 마디로 지금의 사태는 정책을 아무런 준비 없이 독선적으로 시행한 결과에 불과하다. 설사 아무리 좋은 제도라도 수십 년 만에 새롭게 도입하는 제도라면 좀 더 치밀하고 정교한 검토가 있은 연후에 도입하여도 늦지 않다. 더군다나 개방화에 대비하기 위한 쌀 정책은 수매제도만 있는 것이 아니고 수매제도의 폐기가 그렇게 급한 것도 아니었다. 쌀 품질고급화정책, 쌀 유통정책, 쌀 브랜드화정책, 쌀 소비촉진정책, 수입쌀 정책 등 시급한 정책들이 한두 가지가 아니었다.

그럼에도 불구하고 당시 농림부와 정부출연연구기관은 WTO 체제 하에서 수매자금이 계속 줄어들고 있고, 수매 방출제도가 농가소득지지 효과가 매우 미미하다는 점과 쌀 가격을 낮추어 가격경쟁력을 제고해야 한다는 논리로 하루아침에 쌀 직불제도와 공공비축제도로 바꾸어 버렸던 것이다. 그러나 당시 쌀 수매제도는 수매자금이 점점 줄어들어 수매물량이 점차 줄어들고 있었으나 수매 가격이 일반 시중가격에 영향을 미쳐 직 간접으로 쌀 가격을 지지하는 효과는 매우 컸고 이는 농가소득지지에 크게 기여하고 있었다. 당시 정부는 쌀수매제도의 농가소득지지 효과를 직접효과, 즉 수매량에 의한 소득효과만으로 파악하였고 수매량 이외의 쌀 시중가격에 미치는 파급효과는 애써 외면했다. 그 밖에도 쌀 가격을 낮추어 2014년 개방 이후에라도 가격경쟁력을 제고하겠다는 정책목표를 제시하였으나 그것은 애초에 말도 안 되는 난센스였다. 3~4년이 지난 지금 쌀 가격경쟁력은 전혀 높아지지 않았다. 최근 조금 나아졌다면 그것은 쌀 직불제도 때문이 아니라 국제곡물가격이 상승하였기 때문이다. 뿐만아니라 쌀 직불금이 결국 지주에게 간다는 것도 정확하게 예측하고 지적했었다. 부재지주가 약 50%가 넘는 상황에서 모든 직불금이 실제 경작자에게 간다는 것은 어불성설이었다. 그럼에도 정부는 오히려 이를 방관했다. 농민에게 가든 지주에게 가든 크게 개의치 않았다고 보는 것이 옳다.

　물론 모든 정책이 성공만 할 수야 없다는 것을 모르는바 아니고, 모든 정책의 결과에 대해서 책임지라는 것도 아니다. 열심히 노력하고 다양한 의견을 수렴한 연후에 결정된 정책을 시행하다가 문제가 발생한 것까지 문제시할 수는 없다는 것도 잘 알고 있다. 그러나 적어도 정책의 도입과정에서 강력한 문제 제기가 있었고 발생 가능한 문제점이나 위험을 미리 경고했음에도 귀 기울이지 않고 밀어붙인 대표적인 정책의 경우에는 당연히 정책입안자는 물론이요. 부처는 책임지는 모습을 보이는 것이 옳고 당연하다. 정책실명제를 하는 이유이기도 하다. 그래야 모든 정책이 투명해 지고 신뢰가 조성된다. 이번 쌀 직불금 파동은 쌀 직불제 도입과정에서의 우려나 문제 제기에 전혀 귀 기울이지 않았고 강행했다. 따라서 책임질 사람은 책임지고 사과하라는 얘기다. 이제 농정입안자들은 겸허한 자세로 농업 농촌 농민을 섬기는 자세로 임해야 한다. 정책입안과 도입과정에서 비판과 충고를 신중히 귀담아들어야 한다.

[농정신문, 2008.10.30.]

쌀 직불금 해법,
정부가 적극 나서라

　이봉화 보건복지가족부 차관의 쌀 직불금 부당신청 의혹으로 불거진 '쌀 직불금 파문'은 지금 우리 사회에 엄청난 혼란을 일으키고 있다. 이번 파문의 핵심은 농산물 시장의 전면 개방으로 어려워진 농민들에게 가야 할 보조금 성격의 쌀 직불금이 실제로 '농사짓지 않는 사람들'이 받아 갔다는 데 있다. 그런데 그 농사짓지 않는 사람들이 공무원, 공기업 직원, 전문직 종사자, 회사원 등 우리 사회 구성원 모두를 총망라하고 있다는 사실이 우리를 경악게 한다. 이들이 그 많은 농지를 과연 왜 소유하고 있었을까. 그들 입장에서는 많지도 않은 직불금을 왜 받으려 했을까.

　법이 잘못되었기 때문이든, 양도소득세 60% 부과가 과해서이든, 쌀 직불금 지급대상 농민에 대한 정의가 잘못되어서이든 모두 다 핑계에 지나지 않는다. 주택이어야 할 아파트가 투기의 대상이 된 지 오래이며 농업용지여야 할 농지가 투기의 대상이 된 지 한참 되었다. 이번 쌀 직불금 파문은 이러한 투기적 수요에 의해 농지를 소유하게 된 것에서부터 연유된 우리 사회의 질곡이다. 우리들의 한심한 작태가 터져 나온 것에 불과하다. 농지나 토지를 사 놓으면 언젠가는 크게 오를 것이라는 기대심리가 팽배해 있는 현실이 근본 요인이다.

따라서 근본적으로 이번 쌀 직불금 파문을 해결하는 가장 확실한 해법은 이제 더 이상 농지가 투기의 대상이 아니라는 것을 우리 사회 구성원 모두가 합의해야 한다. 경자유전의 헌법 정신을 살려야 한다. 그것이 자발적 이여야 함은 물론이다. 그러나 그런 자발적인 합의가 어렵다면 강제적인 방법이 동원될 수밖에 없다. 부재지주에 대한 일제조사를 단행함은 물론 농지에 의해 혹 발생하는 이득이 있을 경우에는 어떤 경우이든 그 이익금을 정부가 전액 환수하면 된다. 농지로부터는 투기적 기대수익이 이제는 발생하지 않는다는 것을 명확히 해야 한다. 그 대신 농업에 실제로 종사하는 농민에게는 확실하게 소득을 보전하는 장치가 필요함은 물론이다.

그런데 작금의 행태를 보면 정치권에서는 여야 할 것 없이 이번 사태를 정쟁의 대상으로 삼아 연일 난타전을 벌이고 있다. 감사원을 포함한 정부는 속 시원하게 국민들의 의혹과 국론분열을 풀어가려는 노력과 의지가 없어 보인다. 뭔가 숨기고 있는 것 같은 오해를 살만한 행태도 엿보인다. 이러한 모습을 바라보는 국민들은 속이 타고 한심하다는 생각을 지울 수 없다. 정치권은 정쟁의 대상으로 삼다가 대충 국정조사를 한 다음 뭐하나 제대로 밝히지도 못하고 흐지부지될 것이 뻔하고, 정부는 시간을 끌다가 몇몇 책임자만 문책한 뒤 어물쩍 넘어갈 것이 불을 보듯 뻔할 것이기 때문이다. 국민은 한두 번 속은 것이 아니다. 이런 식으로 해서는 안 된다.

현 정부로서는 과거의 일이든 현재의 일이든 모든 책임을 통감하고 사태를 해결해 나가야 한다. 국회보다는 정부가 책임지고 쌀 직불금 파문을 정리하여 국민의 의혹과 화난 농심을 풀어내야 한다. 자료가 있느니 없느니 차일피일 미루지 말아야 한다. 환부를 도려낸다는 심정으로 너와 나를 구분하지 말고 아프더라도 대수술을 해야 한다. 이를 위해서는 감사원 감사자료(2006년)를 포함하여 2005년, 2007년, 2008년 쌀 직불금 지급 실태를 공개하고 직불금을 받은 모두를 조사하여 불법인지, 탈법인지, 편법인지 등을 파악해야 한다. 그것을 토대로 지위고하나 직업 여부에 상관없이 처벌할 것은 강력하게 처벌해야 한다. 현재 입법 예고하고 있는 '쌀 소득 등의 보전에 관한 법률' 개정안 정도의 내용으로는 해결책이 아니라는 사실도 알아야 한다. 쌀 직불금 지급 대상자도 '농촌에 거주하면서 쌀농사를 주업으로 직접 농사를 짓는 농민'으로 한정하고, 직불금을 비료 농약 농기계 등의 농자

재로 지급할 수 있는 방안도 강구하며, 과징금도 20~30%가 아니라 수십 배 올리는 등 정책적 의지를 표명해야 한다. 행정부가 주도적으로 문제를 해결해 내기를 고대해 본다.

[서울신문 시론, 2008.10.19.]

쌀 직불금과
물질만능주의

　쌀 농가에 지급되어야 할 수천억 원의 직불금이 엉뚱한 곳으로 흘러들어가 온 나라가 난리다. 이는 단순히 직불금 제도의 문제점이라기보다는 아무 생각 없이 방기되어 있던 더럽고 추악한 우리의 자화상이 세상에 조금 드러난 것에 지나지 않는다. 그것은 온통 우리 사회 전반을 짓누르고 있는 물질만능의 천박한 자본주의의 표출이다. 고도 경제성장 과정에서 개인이든 기업이든 수단 방법을 가리지 않고 돈만 벌면 되었고 그 돈의 위력이 바로 경쟁력이 된 지 오래되었다. 농민이야 죽든 말든, 농업이야 없어지든 말든 나만 돈 벌면 그만이라는 극도의 이기주의와 개인주의의 표출이다.

　우리 사회의 부자들 대부분이 부동산 투기를 통해 부를 축적하였다는 사실은 삼척동자도 아는 사실이다. 문제는 농지마저도 투기의 대상이 되었다는 비극이다. 헌법 제121조에 경자유전의 원칙이 엄연히 두 눈 뜨고 살아 있는데도 아랑곳하지 않았다. 온갖 불법과 편법이 동원된 지 오래다. 기본적으로 농업이라는 산업에는 도시 자본이 잘 들어가지 않는 특성을 가지고 있다. 예컨대 어느 도시민이 10억 원의 자금을 가지고 있다면 논을 사서 쌀 농사를 하려 하지 않는다. 서울근교에서 10억이면 2ha(6,000평) 정도의 논을 살 수 있고, 2ha의 논에서는 일 년 동안 열심히 농사지어봐야 현재 약 1,000만 원 정도의 소득을 올릴 수 있다. 10억 원을 은행에 예금하면 5% 이자만 치더라도 5,000만 원을 얻을 수 있는데 누가 논을 사서 농사를 지으려 하겠는가. 도시 자본이 농업이라는 산업에 잘 투입되지 않는 이유이다.

그런데 우리 사회는 어찌하여 전 농지의 약 50%, 수도권의 농지는 약 70~80%가 부재지주의 것으로 추정되고 있다(정확한 통계자료조차 없다). 그러니 정작 농지가 필요한 농민은 농지가 없고, 농지가격은 엄청나게 비싸 농민은 소유하기가 어렵게 되어 있다. 우리 모두가 투기에 매달려 있는 사이 농지가격은 폭등하였고 이는 쌀을 비롯한 농산물 생산비 상승의 주요인 되고 있다. 쌀 생산비의 약 절반이 토지용역비(농지임차료)이다.

이번 쌀 직불금 사태는 우리 사회의 이러한 구조적 요인에 기인한다. 쌀 직불금 몇 푼 받으려는 것이 주목적이 아니라는 얘기다. 정말 농사를 짓는지 아닌지를 판별하기 위하여 '쌀 소득 등의 보전에 관한 법률' 일부 개정안이 입법예고 되어 있지만 속이려 드는 수십만 명의 사람을 행정력과 알량한 법으로 막을 방법은 근본적으로 어렵다고 봐야 한다. 편법이 현재보다 더 난무할 것은 불을 보듯 뻔하다.

따라서 잘못된 농지 소유 체계를 원천적으로 재정립하고 바로잡는 일이 시급하다. 이를 위해서 국가 차원의 '부재지주 일제조사'를 단행하여 불법인지 편법인지 적법인지를 현장추적 조사하여 현 농지소유 실태를 정확하게 파악하는 것이 급선무이다. 농지소유구조를 정확하게 파악하지 않고서는 어떤 농업지원정책도 왜곡되기 십상이기 때문이다. '부재지주 일제조사'에 의해 불법으로 소유하고 있는 농지는 현행법에 의하여 매각도록 하면 되고, 편법일 경우에는 3년 정도의 경과 기간을 주어 농지를 매각도록 한 뒤 그때까지도 매각지 않을 경우 공시가격 수준으로 농지은행이 흡수하여 법정임차료만 지급하고 농민에게 임대하면 된다.

또한, 지금 우리에게 필요한 것은 당연히 쌀 직불금은 농민에게 돌아가는 것이 옳고, 농지가 투기의 대상이 아니라는 사회적 합의가 중요하다. 이를 위해서는 감사원 자료(2006년)를 하나도 숨김없이 국민에게 알리고 피해자인 농민이 원하는 대로 처리해야 한다. 나아가 2005년, 2007년, 2008년의 쌀 직불금 지급에 대해서도 조사가 신속히 이루어져야 한다. 이 사건을 흐지부지

덮어서는 안 된다. 사실 걱정되는 것은 공무원, 공공기관 임직원, 정치인, 전문직 종사자, 언론인 등 정말 우리 사회의 지도층 인사들이 포함되어 있어 잠시 법석을 떨다가 어물쩍 넘어 갈까 봐 걱정이다. 차제에 우리의 일그러진 자화상을 바로 잡아야 할 중대한 시점이다.

[세계일보 시론, 2008.10.]

쌀 정책
패러다임을 바꾸자

금년 수확기 쌀 가격이 지난해 수확기에 비해 15~20%가 떨어져 농민들은 불안하다. 정부는 목표가격 17만 원(80kg 정곡기준)이 설정되어 있고 매입 물량도 공공비축용 쌀 37만 톤과 민간부문(농협 및 개인 RPC) 매입량 233만 톤 등 지난해보다 23만 톤이 많은 270만 톤 이상을 매입하면 큰 문제가 없다는 입장이다. 그럼에도 불구하고 왜 현장 농민들은 가격폭락에 심할 정도로 민감하게 반응하는 것일까.

무엇보다 쌀 제도의 모순과 실패에서 찾을 수 있다. 주지하다시피 현재의 쌀소득보전직불제와 공공비축제는 2005년부터 40여 년 이상 지속되어 오던 수매제도를 일거에 폐지하고 전격 도입되었다. 도입 배경과 명분은 '시가 매입 시가방출'을 원칙으로 하는 공공비축제를 통하여 쌀 가격도 이제는 시장 기능에 맡기고 정부의 가격조절기능을 없애 쌀 가격 하락을 유도하며, 정부 대신 민간부문을 통하여 수급을 조절하고, 쌀소득보전직불제를 통하여 가격이 내려가더라도 일정수준 소득을 지지하며, 쌀 농가는 규모화하여 6ha 이상 재배농가 7만 호를 육성하고(2010년까지가 목표였다가 현재는 2013년으로 연장됨), 이들이 쌀 재배면적의 약 50%를 담당케 하며 소득수준도 일정수준 이상이 되게 하겠다는 것이었다. 요약하면 쌀 농가의 규모화를 통하여 경쟁력을 강화하고 소득을 안정화하며, 쌀 가격이나 수급도 이제는 시장 기능에 전적으로 맡겨 쌀시장 개방에 대비한다는 것이었다.

그러나 제도가 시행된 지 5년여가 지난 지금 과연 이러한 정책목표가 얼마나 달성되었는가. 앞으로도 달성될 것인가. 결론부터 말하면 한마디로 실패다. 의도했던 것들이 거의 이루어지지 않았다. 쌀 가격과 수급이 시장기능 만에 의하여 작동되고 있지 않으며, 정부가 직간접적으로 개입하고 있고, 민간부문에 의한 가격이나 수급조절기능은 미약하며, 정치권의 개입이 없어지지도 않았고, 국내 쌀 가격경쟁력은 제고되지 않았으며, 쌀 농가소득도 충분하게 보전되지 않고 있고, 6ha 이상 재배농가 7만 호 달성도 요원하다.

'시가 매입 시가 방출'이 원칙인 공공비축제도는 도입 초기부터 어그러졌다. 매입 벼의 기준가격이 정부에 의해 간접적으로 제시되거나 농협매입가격이 시중가격을 유인하는 형태로 산지가격이 형성되고 있다. 사실 정부의 매입물량만 줄었을 뿐 과거의 수매제도와 별로 차이가 없다. 공공비축물량의 방출도 시중 가격의 등락을 고려하여 양과 시기를 조절한다. 결국, 쌀 가격과 수급이 전적으로 시장 기능에 의해서 결정되지 않는다.

또한, 쌀 가격의 하락을 유도하여 가격경쟁력을 제고하겠다는 정책목표도 실현 불가능 하다. 매년 물가와 쌀 생산비가 오르는 상황에서 쌀 가격을 떨어뜨려 경쟁력을 높이겠다는 발상부터가 오류였다.

쌀 농가의 소득안정을 위하여 목표가격을 5년간 동결하는 등 쌀 농가 소득지지를 위하여 노력하고 있으나 농민 입장에서 실제로 느끼는 소득지지 수준과는 상당한 괴리가 있다. 지역별, 품종별 가격수준이 상이하고, 목표가격에는 생산비 상승부문이 고려되지 않도록 설계되어 있으며, 그나마 시가와의 차이 중 85%만 보전하기 때문이다.

결국, 현재 시장 기능에 의하여 쌀 가격과 수급이 결정되게 하고 가격 경쟁력을 높이겠다는 정책 패러다임은 애초부터 쌀 산업과 쌀시장의 특성을 제대로 파악하지 못한 철학의 빈곤으로부터 초래된 단견에 불과하다. 쌀시장은 일차원적인 시장시스템만으로 작동되는 시장이 아니라 정치, 경제, 사회, 문화 등을 종합적으로 고려해야 하는 다차원적인 복합논리에 의하여 움직인다는 사실을 직시하지 못하는 데서 오는 오류이다.

금년의 쌀 가격폭락사태를 맞이하여 현실적으로 불가능한 시장 기능만을 강조하는 쌀 정책에 함몰되지 말고 정부와 공공부문이 적절히 개입하는 쌀 정책을 수립해야 한다. 따라서 금년의 쌀 가격 폭락과 관련된 대책 즉, 재고소진정책, 수요 진작 정책, 소득안정정책 등을 조속히 수립하여 시행하는 일이 급한 것은 사실이다. 그러나 보다 중요한 것은 식량자급목표와 생산기반유지 목표, 근본적인 소득안정목표 설정을 통한 비전제시로 농민의 불안을 해소해야 한다. 식량수급목표와 논 면적의 유지 목표를 설정하자는 것은 국가와 민족의 존립을 위한 최소한의 주권이며 식량안보와 농업의 다원적 기능을 유지해야 한다는 당위에서 출발해야 한다. 쌀 정책의 대대적인 패러다임 전환을 촉구한다.

[한국농어민신문, 2009.10.09.]

쌀가루 산업의
정치경제

    최근 정부는 쌀 소비 진작을 위하여 다양한 정책을 펴고 있다. 쌀의 소비는 밥용으로 소비되는 물량이 95%에 달하고 나머지 5% 정도가 쌀 가공식품으로 소비된다. 쌀가공식품 중에서 약 60%는 떡류이고, 나머지 40%가 막걸리 떡볶이 면류 등이다. 현재까지는 이들 쌀가공업체들이 자체적으로 쌀가루를 생산하거나 조달하고 있는바 그 물량은 약 11만 톤 정도로 파악된다.

    우리 쌀의 소비를 늘리는 또 하나의 방안으로 '쌀가루 시장'의 확대를 추진하는 것은 옳은 방향이라 판단된다. 현재 우리나라의 쌀 소비량은 1인당 약 74kg이고 밀가루 소비량은 약 33kg으로 쌀 소비량의 약 44%에 달하는 200만 톤 수준이다. 이러한 밀가루 소비량의 약 10%만 쌀가루로 대체(R-10 정책)할 수 있다면 연간 약 20만 톤의 쌀가루가 필요하게 된다. 그런데 현실은 밀가루 대체용 쌀가루는 약 1만 톤에 불과한 실정이니 20만 톤 즉 R-10 정책의 실현이 그렇게 쉬운 일이 아님은 자명해진다. 쉽지 않다고 해서 포기할 필요는 없으며 가능하면 우리 쌀을 원료로 이용하는 것이라면 강력히 추진해 볼 필요가 있다.

쌀가루가 밀가루의 10%를 대체할 경우 연간 업계의 원가부담 절감 650억 원, 밀수입 대체 효과 545억 원, 재정손실(보관료 등) 감소 656억 원 등의 이익창출 효과가 나타날 것으로 정부는 예측하고 있다. 그래서 정부는 기존의 대규모 밀가루 제분회사인 CJ제일제당, 대한제분, 한국제분 등의 참여를 독려하고 있는 것으로 보인다.

정부로서는 빠른 시일 내에 뭔가 성과를 내야 하기 때문에 이들 대기업의 참여를 원하는지 모르지만, 밀가루 제분뿐만 아니라 쌀가루 제분까지도 이들 대규모 밀가루 제분업자에게 독과점을 더욱 강화시키는 것은 문제가 있어 보인다.

주지하다시피 일본도 쌀 소비가 지속적으로 감소하고 있어 쌀 소비 활성화를 위해 많은 노력을 하고 있다. 특히 쌀가루 생산과 소비를 위해 우리와 같이 R-10 사업을 추진하고 있는데 밀가루 소비량 500만 톤 중 10%인 50만 톤의 쌀가루 생산을 목표로 하고 있다. 그런데 우리와 다른 것은 기존의 대규모 밀가루 제분회사를 쌀가루 제분에 끌어들이지는 않는다는 사실이다. 일본 쌀가루 제분의 절반 이상을 차지하는 니가타제분이나 후지이쇼

텐 제분 등의 쌀가루 제분회사는 대부분 지역밀착형 쌀 도정 및 제분업체들로서 지역의 쌀생산농가들과 계약생산을 통하여 쌀가루 생산과 쌀 도정을 연계하여 추진하고 있다.

일본 정부도 이들 쌀 도정 제분업자들에게 필요하면 시설자금을 지원해 주고 있으며, 쌀 생산농가들에는 2009년부터 쌀 가공용 신규수요개발품종을 재배할 경우에는 1ha(3,000평)당 중앙정부가 80만 엔(약 1,040만 원), 지방정부(니가타 현)가 20만 엔(약 260만 원) 등 1ha당 총 100만 엔(약 1,300만 원)의 보조금을 지급하고 있다. 신규수요개발품종이 아니더라도 1ha당 20만 엔(약 260만 원)을 지급하고 있다.

이와 같이 쌀 생산농가들에게 쌀 가공용 품종을 재배할 경우에 특별히 정부가 지원하는 것은, 결국 쌀가루 제분업체들에게 생산농가들과 계약재배를 통하여 원료 쌀을 낮은 가격으로 제공할 수 있게 함으로써 쌀가루 제분회사들의 경쟁력을 제고시키기 위함이다. 중요한 것은 지역의 쌀생산농가와 지역의 쌀가루 제분회사 모두에게 이득이 가고 지역경제에 조금이라도 이득이 가도록 정책적으로 배려하고 있다는 사실이다. 지역과 연계되지 못한 대규모 밀가루 제분업계는 뛰어들 수 없는 구조다.

따라서 우리나라의 경우도 새로운 쌀가루 제분공장은 기존의 밀가루 제분공장이 아니라 쌀생산농가와 연계되어 있을 뿐만 아니라 농촌 지역경제에 도움이 되는 농촌지역 밀착형이어야 하며, 지역에서 고용을 창출할 수 있어야 하고, 지속성이 있는 업체의 참여를 통하여 달성할 수 있도록 세심한 배려가 필요하다.

그것은 정부가 쌀가루 시장 확대를 위하여 제분기술은 물론 쌀가루용 쌀 품종개발에 막대한 R&D 자금을 투입할 뿐만 아니라 시설자금융자, 가공용 쌀 저가공급, 쌀 가공식품 소비 진작을 위한 공공급식확대 등 다양한 지원정책을 펴고 있는데 그 정책의 혜택이 자칫 농가나 농촌경제에 도움이 되지 못하고 밀가루 제분업계에게 쌀가루 제분까지 허용하여 독과점체제를 허용하여서는 궁극적인 목적인 쌀소비 활성화와 쌀생산기반유지, 쌀생산농가의 안정적 소득보장, 나아가서는 식량안보에 크게 기여하지 못할 우려가 있기 때문이다.

[한국농어민신문, 2010.03.09.]

쌀 문제,
어찌할 것인가

　정부가 농업이 국가의 성장 동력이라도 되는 것처럼 호들갑을 떠는 것은 옳지 않다. 농업은 그 중요성과 독특한 가치가 큰 것이지 한 국가의 성장 동력이 되기 때문에 소중한 것이 아니다. 정부가 추구하는 성장 동력이라는 것은 절대 대규모 자본의 유입을 전제로 한다는 측면에서 한계가 있고 자칫 '성장'이라는 '빈대'를 잡으려다 '농업 자연 생태 인간의 조화와 지속적 발전'이라는 '초가삼간'을 다 태워 버리는 우를 범할 수 있는 위험한 발상이기 때문이다.

　쌀도 마찬가지다. 쌀이 성장동력은 아닐지라도 그 본질적 가치는 지대한 것이기 때문에 농정의 핵심이어야 함은 이론의 여지가 없다. 우리의 주식이고, 국제시장에서 언제든지 적정한 가격에 사 올 수 있는 것도 아니며, 농업소득의 절반 이상을 차지하고 있고, 식량주권과 식량안보의 핵심이며, 무엇보다 논의 다원적 가치는 쌀 생산액의 약 4~5배에 달하기 때문이다. 그래서 쌀을 빼고는 농정을 얘기하기가 어렵게 되어 있다.

최근 쌀과 관련된 이슈들이 한두 가지가 아니어서 여간 걱정이 되는 것이 아니다. 우선 지난해의 쌀 가격 폭락 이후 금년 수확기에도 쌀 가격이 심상치 않을 조짐이 여기저기서 포착되기 때문이다. 단경기인 5월임에도 가격이 오르지 않을 뿐만 아니라 오히려 지난해 수확기 가격보다 10% 가까이 떨어져 있고 앞으로 수확기까지 가격이 오를 가능성은 거의 없어 보인다. 그렇다 보니 미곡종합처리장(RPC)을 비롯한 유통주체들의 고민이 많은 모양이다. 단경기에 가격이 올라줘야 보관료, 감모, 이자 비용 등을 감내할 수 있기 때문이고 빨리 지난해 수매곡을 시장에 출하해야 곧 닥칠 금년도에도 매입할 수 있기 때문이다. 유통주체들의 수확기 쌀 수매가 원활하지 못하면 그 피해는 고스란히 농민의 몫으로 남게 된다. 물론 가격이 내려가도 목표가격이 있으니 최소한 농가소득보전은 된다고 볼 수 있지만, 정부의 재정부담은 천문학적으로 커질 수 있어 결국은 정부 국민 농민 모두에게 바람직하지 않은 결과를 초래할 수 있게 된다. 이러한 가격불안과 수급 불안정이 한두 해에 끝날 수 있다면 모르되 쌀농사는 지속되어야 한다는 측면에서 근본적인 중장기 대책이 하루빨리 수립되어야 한다.

최근 쌀가격과 수급안정을 위한 정부의 대응을 보면 시장 기능에 맡기는 것도 아니고 그렇다고 적극적으로 개입하는 것도 아닌 그야말로 어정쩡한 태도로 일관하고 있다. 농민이나 유통주체들이 아우성을 치거나 정치권의 눈치를 살피다가 몇만 톤 수매하거나 격리하는 등 임기응변식 땜질 처방에 급급해 하고 있다. 쌀시장을 시장기능에 맡기는 시스템인 쌀소득보전직불제와 공공비축제를 도입하고서는 실제로는 시장에 직간접적으로 개입하는 꼴이니 이것도 아니고 저것도 아닌 이상한 정책들이 난무하게 되는 것이고, 이는 결국 생산자나 유통업자들에게 왜곡된 행위를 강요하게 되는 결과를 초래하게 된다. 즉 정책의 왜곡과 시장 왜곡 현상이 나타나게 되어 이러지도 저러지도 못하는 궁지에 봉착하게 될 우려가 크다.

따라서 정부는 쌀 만큼은 수급이나 가격 등 시장여건을 예의 주시하면서 적절히 개입할 수 있도록 지금의 쌀소득보전직불제와 공공비축제를 손질하고, 생산조정제도의 도입, 수요확대 정책, 재고관리 정책, 식량안보, 식량주권 확보 정책, 통일 농정 등을 포괄적으로 수행할 수 있는 정교한 쌀 정책 시스템을 조속히 갖출 필요가 있다.

쌀 문제의 또 하나의 이슈는 조기관세화 개방문제이다. 찬반 논쟁이 첨예한 상태이고 2014년 이후가 되면 무조건 관세화 개방이라는 자동관세화론도 문제가 있음이 이미 지적되고 있다(농업마당, 2010.2.4). 이러한 상황에서 정부는 내년부터라도 관세화 개방을 단행하겠다면서도 농민단체의 일치된 동의가 있어야 한다면서 농민단체에 공을 넘기려 하는듯한 태도는 바람직하지 않다. 더 이상 일치된 동의를 강요하는 것은 농민단체 간의 분열만을 조장할 뿐이다. 수많은 농민단체들은 각각의 정체성을 가지고 있고 쌀 문제를 보는 시각도 당연히 다를 수 있기 때문이다.

현 단계에서 조기 관세화를 강요하는 것보다 우선해야 할 일은 2014년 이후에는 과연 통상법상으로 쌀시장을 개방할 수밖에 없는 것인지에 대한 논의가 선행되어야 한다. 즉 2014년 이후에는 무조건 자동으로 관세화 개방으로 가는 것이 맞는지의 여부에 대해 각계의 다양한 통상전문가들과 적극적으로 논의하고 검토해야 한다. 그러한 과정과 절차 없이 일부 관변학자들의 주장만 받아들여 일방적으로 자동관세화로 간다고 하는 것은 설득력이 떨어지기 때문이다. 그것이 명쾌해 지면 조기관세화 개방 논의가 지금보다 수월해 질 수도 있다. 하루빨리 이 부분에 대한 논의의 장을 만들고 공론화해 나가는 것이 우선이다.

[한국농어민신문, 2010.05.11.]

쌀 정책의
일관성을 확보해야

　지난해부터 떨어지기 시작한 쌀 가격은 수확기를 코앞에 둔 현재까지도 오를 기미를 보이지 않고 있다. 지난해 수확기 쌀 가격은 전년 동기보다 약 15% 떨어졌었고 금년도에도 지난해 수확기 가격보다 약 10% 이상 떨어졌으니 최근 2년여 만에 쌀 가격이 무려 25% 이상 떨어지고 있다. 이러한 현상은 현재 정부의 쌀 정책 패러다임에 비춰 볼 때 쌀 가격 경쟁력이 높아져서 바람직한 현상이고, 쌀 가격이 내려가더라도 직불금에 의하여 감소한 소득의 일정 부분을 보전하고 있으니 얼핏 보면 매우 성공적(?)인 듯 보인다. 왜냐하면, 현재 쌀 정책의 핵심이 가격을 떨어뜨려 개방에 대비하고, 쌀 가격이 하락하더라도 농가소득은 쌀소득보전직불제에 의하여 보전하며, 공공비축제에 의해 적정재고를 유지하기만 하면 쌀 수급문제 등은 자동으로 해결될 것이라는 소위 시장 기능중심의 쌀 정책 패러다임이기 때문이다.

　그런데 과연 그런가. 가격이 내려갔다고 우리 쌀의 가격 경쟁력이 얼마나 높아졌는가. 쌀 농가소득은 제대로 보전되고 있는가. 쌀 수급은 원활한가. 쌀 재고가 쌓이는 것이 단순히 대북지원이 중단되었기 때문이며 소비가 줄었기 때문인가. 그렇지 않은 것 같다.

　또 한 가지 지적할 것은 정부의 쌀 정책이 일관성이 없다는 점이다. 기본적으로 지금의 쌀 정책은 정부의 개입을 최소화하고 시장 기능에 의해 가격과 수급을 조절하는 것으로 되어 있음에도 불구하고 정부는 수시로 쌀시장에 개입하고 있다. 가격이 내려가면 수십만 톤을 시장에서 격리시키는가 하면, 비축미의 방출 시기나 양을 조절하는 등 직간접적으로 가격과 시장에 개입하고 있는 것이 현실이다. 개입하는 것을 문제라 지적하는 것이 아니고 정책 기조와는 너무나 다른 대안들을 임기응변식으로 수시로 쏟아 내는데 따른 일관성 부재와 정책의 혼선을 지적하는 것이다. 이렇게 되면 생산자는 생산자대로, 가공 유통주체들은 이들대로 미래를 예측하지 못하고 우왕좌왕하게 되기 때문이다.

　지난 8월 31일 정부는 금년도 수확기 쌀 가격폭락에 대비한다는 명분으로 다양한 대책을 내놓았다. 가격이 내려가면 가격 경쟁력이 제고되고, 소비자의 소비가 늘어나 바람직함에도 올해 생산될 쌀 가운데 예상 수요량 426만 톤을 넘는 물량 약 50~60

만 톤은 전량 매입하여 시중 유통을 차단하고, 올해 양곡연도 말 재고 149만 톤 가운데 100만 톤가량을 남기고 50만 톤은 올해 9월부터 내년까지 처분하며, 생산조정의 일환으로 내년부터 3년 동안 한시적으로 매년 4만ha의 논에 벼 이외의 작물을 재배한 농가에 1ha당 300만 원의 보조금을 지원하겠다는 것이다. 그밖에도 쌀 소비 촉진을 위해 현재 8만 톤 수준인 쌀가루 소비를 2012년까지 20만 톤으로 확대하는 방안이 추진되며, 군부대 등 공공부문에 쌀 가공품 공급을 확대하고 대형 유통업체 매장에 쌀가루 제품판매 코너도 확대 설치한다는 것 등이다. 또한, 계획관리지역의 농지에 대해서는 시도지사에게 그 이용허가를 위임한다는 내용도 들어 있다.

　문제는 이러한 대응으로는 금년도 쌀 가격폭락의 우려를 막을 수 없을 뿐만 아니라 설사 가격폭락사태를 조금 진정시킨다 하더라도 내년, 그리고 내후년에는 또 어떻게 할 것인지에 대한 해답은 없기 때문이다. 수십만 톤을 일단 시장으로부터 격리시키겠다고 하지만 언젠가는 시장에 나올 것이라는 사실을 시장은 알기 때문에 재고가 쌓여 있는 한 가격의 상승은 기대하기가 어렵다는 의미이다. 재고를 없애주는 가장 확실한 방법 중 하나가 대북지원이 묘안이 될 수 있으나 이번 대책에서는 빠져있다. 그런데 이 또한 단기적 처방일 수밖에 없는 한계를 가지고 있다.

　결국, 현재의 쌀 정책 패러다임과 대책으로는 근본적으로 쌀 문제를 해결하는 데 한계가 있음을 직시해야 한다. 시장에 개입하는 것도 아니고 개입하지 않는 것도 아닌 두루뭉술한 임시방편적 쌀 정책으로는 농민과 가공 유통주체 모두에게 신뢰를 주지 못한다.

이제 쌀 정책의 패러다임을 바꿔야 한다. 정부가 개입할 부문과 개입하지 않을 부문을 명확히 설정하여 제시해야 한다. 쌀 수급 및 재고관리정책, 쌀 소득 안정정책은 확실하게 정부가 개입할 부문으로 명확히 하고, 시장 기능에 맡겨야 할 부문은 과감하게 놓음으로써 정책의 일관성을 정립해야 한다. 농민, 가공 유통주체들이 미래를 예측할 수 있도록 하는 새로운 쌀 정책이 하루 빨리 만들어져야 한다.

[한국농어민신문, 2010.09.10.]

쌀 대북 지원을
환영한다

통일쌀국민운동본부와 (사)우리겨레하나되기운동본부 등이 마련한 203톤의 쌀이 우여곡절 끝에 지난 9월 17일 드디어 북으로 갔다. 이를 시작으로 정부는 대한적십자 등을 통하여 전체적으로 5,000톤의 쌀을 지원하기로 했다. 규모의 왜소함과 마음 씀씀이의 촘촘함이 아쉽기는 하지만, 이제라도 북측의 수해피해와 복구를 위한다는 명분으로 쌀 지원을 하게 된 것을 늦었지만 환영해 마지않는다.

꽉 막힌 남북문제 해결의 단초가 됨은 물론 남북협력의 필요성에 대한 인식의 차이를 극복하는 계기가 되어야 하고 대화의 필요성에 대한 인식도 남북측이 함께 해야 하기 때문이다. 우리 민족 모두에게 쌀이 갖는 상징성과 중요성으로 비춰 볼 때 이번 쌀 지원은 적지만, 이 정부 들어 처음이라는 의미가 있다.

북측의 식량문제는 사실 일시적 현상이라기보다는 구조적인 문제를 안고 있어서 단기적으로 북측의 식량문제를 해결하기에는 어려움이 있다. 그럼에도 불구하고 일단 시급한 식량 부족 사태를 남측이 관망만 하기보다는 적극적으로 나서는 것은 온당하다.

남측의 경우에도 쌀 가격폭락이 가져올 사회적 파장과 농업문제가 어느 때보다 심각한 상황에서 대북지원의 물꼬가 터진 것은 백약이 무효한 작금의 수확기 쌀 가격폭락 사태를 조금이나마 덜 수 있는 계기가 된다는 측면에서 그렇다.

따라서 현 단계에서의 남북문제 해결을 위해서는 정치적, 외교적 협력도 필요하겠지만, 농업부문에서의 협력이 최우선 과제임은 당연하다. 중장기적으로도 지속적인 농업협력사업을 펼치는 것이 북측은 물론 남측에게도 크게 도움이 된다는 측면에서 남북 농업협력은 이 시대 최우선의 과제이다.

이제 쌀 대북지원도 차제에 통을 키워야 한다. 남북문제는 남북 모두가 통 크게 접근해야 풀린다. 좁은 소견으로는 아무것도 풀리지 않는다. 이념적, 정치적 접근이 아니라 쌍방의 이해를 바탕으로 상생의 방안들을 찾아 나가야 한다.

그런 측면에서 이번 쌀 대북지원을 환영하며 모든 남북문제 해결의 디딤돌이 되기를 바란다.

[한국농어민신문, 2010.09.17.]

쌀 정책의 비전과 목표를
다시 세워야

이제 겨우 모내기를 끝낸 들녘을 바라보면 풍성한 가을에 넘실거릴 황금 들판이 연상되기보다는 쌀 가격이 또 폭락하지는 않을까 걱정이 앞선다. 2000년대 접어들어 한 번도 편할 날이 없었던 쌀 농가들의 마음고생과 소득 하락을 목도하였기 때문이다.

수매제도의 폐지, 쌀 가격폭락에 의한 실질소득의 하락, 농자잿값과 농지가격 상승에 의한 생산비 증가 등이 그것이다. 이러한 경제 환경의 악화보다 더 마음 아픈 것은 쌀 가격을 낮추어 쌀 시장 개방에 대비해야 한다는 국적불명의 얕은 경제논리들이 판을 치고 있는 현실이다. 최근 두 번씩이나 세계적인 식량위기를 겪으면서도 그것이 얼마나 민족의 미래에 치명적일 수 있는지를 깨닫지 못하는 우리 사회의 무감각과 지도자들의 철학 없음이 우리를 더욱 안타깝게 한다.

현재 쌀 가격이 지난해 수확기보다 10~15% 올랐다고 하여 정부 보유 쌀을 절반 가격에 방출하는 등 도무지 정부의 쌀 수급 관리정책을 보면 한숨만 나온다. 문제는 이렇게 쌀 가격을 억제하기 위하여 정부가 반값 쌀을 가공업체나 유통주체들에 공급하지만, 시중 쌀 가격은 내려가지 않고 있다는 사실이다.

뿐만 아니라 쌀 재고 누증의 주요 원인이 대북지원 중단에 있음에도 엉뚱하게도 그 원인을 공급 과잉구조 때문이라고 단정 짓고 쌀 재배면적을 줄이겠다고 나서는가 하면, 세계적인 식량위기나 식량주권에 대해서는 모르쇠로 일관하는 정부의 양정은 한마디로 비전도 철학도 없는 졸속에 불과하다.

주지하다시피 모든 쌀을 포함한 농산물의 가격은 오를 때도 있고 떨어질 때도 있을 수밖에 없다. 농정은 가격이 급락할 때는 생산자 농가의 소득 감소에 신경을 써야 하고 급등할 때는 소비자의 생활안정에 주력하여 정책을 펴는 것이 오른 정책 방향이다. 그런데 정부는 쌀 가격이 급락할 때는 농가의 소득 보장보다는 소비자의 후생증대를 위한다는 명분으로 거의 손을 놓고 있다가, 쌀 가격이 급등하면 소비자의 생활안정보다는 쌀 생산기반인 재배면적을 축소하려 하는 등 본질은 제쳐 두고 쌀 농업 죽이기에 혈안이 되어 있는 듯하다.

당장의 쌀 가격 등락에 일희일비하기보다는 긴 안목으로 식량주권이나 식량안보, 그리고 쌀 농업의 다원적 기능이라는 측

면에서 쌀 농업을 바라보아야만 쌀 문제의 해법이 보이기 시작한
다. 쌀 정책의 비전과 목표를 똑바로 세울 것을 다시 한 번 촉구
한다.

[농정신문, 2011]

실패한 식량 정책,
바꿔야 한다

2005년 노무현 정부는 50여 년 이상 지속되어 오던 쌀수매 방출제도(쌀약정수매제도)를 일시에 없애고 공공비축제와 쌀소득보전직불제를 전격 시행했다. 이렇게 한 배경에는 정부보조금이 당시 1조 5천억 원 수준에서 DDA 협상이 타결되면 더 줄 것이기 때문에 미리 제도를 바꾼다는 것이었다. 쌀 가격을 시장에 맡겨 낮추고 가격하락에 따른 소득 감소는 직불금을 통하여 보전한다는 논리였다.

이 제도는 일견 그럴듯해 보이지만 현실성이 없는 제도였다. 물가는 오르고 생산비는 오르게 되어 있는데 가격을 낮추겠다는 것은 비현실적인 정책목표이며, 소득을 보전한다고 하지만 중장기적으로 시중 쌀 가격이 하락한다면 목표가격은 내려가게 되어 있고 그나마 85%만 보전하는 제도이기 때문이다.

쌀수매제도의 개편이 급했던 것이 아니라 식량안보와 식량주권을 위한 생산기반의 유지방법, 농지 투기에 대한 강력한 규제, 쌀농가소득안정화 프로그램 개발, 주요 곡물의 수급안정과 자급률 제고 방안, 유통 인프라의 구축, 지역별 마케팅 차별화 전략, 소비확충방안, 수입쌀의 처리문제 등의 양정을 적극적으로 추진하는 것이 더 급하고 중요한 정책과제들이었다.

최근 MB 정부는 한술 더 떠 노골적으로 미곡종합처리장(RPC)을 압박하여 인위적으로 쌀 가격을 낮추려고 혈안이 되어 있다.

7년여가 지난 지금 현재 결과적으로 쌀 소득은 보전되지 않게 되었고, 쌀 생산은 논 면적 감소와 작황 등으로 400만 톤 수준으로 떨어져 쌀마저 자급률이 80%대로 떨어지고 말았다. 이는 결과적으로 쌀 정책의 실패임이 자명하고, 곡물 자급률은 22%대로 떨어지고 말았다.

이제 우리는 쌀 정책의 실패만을 거론하여 이의 개선을 요구할 상황이 아니라고 본다. 기후환경 변화에 의한 이상기후, 국제 곡물가격의 급등과 불안, 애그플레이션의 만연, 쌀 공급의 불안 등으로 더 이상 방관할 수 없는 한계상황에 이르렀다고 판단한다.

따라서 쌀 뿐만 아니라 식량 전반에 관한 정책의 전환을 촉구하고자 한다. 그것은 국가가 직접 나서야 한다는 것이다. 시장 운운하며 삼류 경제이론을 그대로 적용하려는 농정으로는 더 이상 안 된다.

농민단체(전농)와 국회(통합진보당)에서 강력히 주장하고 있는 기초농산물 국가수매제나 국민기초식량보장법안 등이 하루빨리 결실을 맺을 수 있도록 정부와 국회의 분발을 촉구한다. 그것이 식량주권을 확보하고 우리의 공동체가 지속 가능해지는 근본이기 때문이다.

[농정신문, 2012]

4조 원의
진실

　　지난달 정부는 금년 수확기의 쌀 문제를 해결하기 위하여 '수확기 쌀 수급 및 가격안정대책(8.29)'을 발표했다. 정부는 올해 수확기 쌀값 하락을 막기 위해 정부와 농협, 미곡종합처리장(RPC)을 통해 총 3조 9586억 원을 투입, 지난해보다 161만 석 늘어난 1,325만 석을 매입하기로 했다는 내용이었다. 이 발표가 있고 난 후 평소 친하게 지나던 동료로부터 전화를 받았는데 윤 교수가 그렇게 문제를 제기하고 다니더니만 드디어 정부가 쌀 매입량을 늘리기 위해 4조 원에 달하는 거금을 투입하게 되었다는 축하(?) 전화였다.

　　언뜻 보아 금년 쌀 가격 하락으로 인한 농가소득의 감소를 크게 염려하여 거액을 투입하는 것으로 대부분의 국민들은 알고 있는 듯하다. 쌀 정책을 속속들이 잘 알지 못하고 있을 수밖에 없는 많은 국민들은 나의 동료와 같은 생각을 했을 것으로 생각된다. 어떤 분들은 정부가 또 농업부문에 거금을 쏟아 붓는다고 생각했을지도 모른다.

그런데 금년 상황을 극히 염려하여 투입한다는 약 4조 원의 내용을 들여다보면 정부가 금년 수확기를 특별히 배려하여 새로 투입하는 자금은 3%짜리 융자금 3,000억 원과 국고 지원금 300억 원으로 4조 원의 약 8.3%에 불과하다는 사실이다. 그나마 3,000억 원은 갚아야 하는 돈이다.

그 내용을 자세히 들여다보면 명확해진다. 정부는 정부수매 물량 575만 석의 수매자금으로 1조 7,386억 원을 투입한다고 했으나 이는 금년 수확기 상황과는 상관없이 이미 수매자금으로 투입하기로 되어 있던 금액이다. 새롭게 금년만을 위하여 투입되는 자금이 아니다.

또 미곡종합처리장이 1조 6,500억 원을 투입하여 550만 석을 매입할 수 있도록 한다는 내용이 있는데 이 자금은 정부가 투입하는 자금이 아니라 미곡종합처리장의 자체자금일 뿐이다. 이 금액 중에는 정부가 지난해에도 1개 미곡종합처리장에 13억 원씩 4,225억을 융자해 주었던 바로 그 액수가 포함되어 있으며, 특별히 금년에는 3,000억 원 정도를 추가로 융자해 준다는 것이다. 따라서 1조 6,500억 원 중에서 정부가 특별히 새롭게 투입하는 자금은 3,000억 원에 불과하다. 문제는 미곡종합처리장의 주인은 정부가 아니라 농협과 민간업자들이라는 사실이다. 수확기에 쌀을 사고 안 사고는 이들의 판단에 달려 있는 것이지 정부가 사라 마라 강요할 수 있는 성격의 것이 아니다. 물론 농협의 경우는 특수한 성격으로 인하여 아무리 어렵더라도 조합원인 농민들의 요구를 전혀 외면할 수야 없겠지만, 그렇다고 엄청난 적자를 감수할 수는 없는 노릇이 아닌가.

뿐만 아니라 농협중앙회로 하여금 자체자금 5,700억 원으로 200만 석을 시가로 매입하여 이듬해 수확기 직전에 방출하라는 것인데, 실현 가능성 여부를 떠나 이 자금 또한 정부의 돈이 아니다. 다만 300억 원을 국고에서 지원하기로 하였을 뿐이다.

따라서 금년 수확기를 위하여 정부가 특별히 새롭게 투입하는 자금은 국고 지원금 300억 원과 3% 융자금 3,000억 원에 불과하다. 물론 내년에는 정부 재고량 중 100만 석만 공매처분하고 계절가격진폭이 3% 미만일 경우에는 공매처분하지 않기로 했기 때문에 그럴 경우 추가적인 보관비 등이 발생할 가능성은 있다. 이 정도의 정부 투자금액이라도 많은 것이 아니냐고 항변한다면 할 말은 없으나, 왜 4조 원 운운하며 국민들을 혼란하게 하고 오도하는지 이해할 수 없다. 솔직하게 있는 데로 쉽게 국민에게 알려야 하지 않았을까.

이러한 정부대책을 보면서 느끼는 감상 하나는 정부가 쌀문제를 너무 낙관적으로 보거나 아니면 쌀의 중요성을 간과하는구나 하는 의구심이다. 이 정도의 대책(?)이면 금년 수확기 쌀 가격을 작년 수확기 수준의 쌀 가격인 15만 8,000원 선(80kg)에 유지할 수 있다고 본 점에서도 명확해진다. 다른 하나는 모든 문제를 민간부문에 떠넘기려는 것 같다는 우려이다. 미곡종합처리장의 공공성을 인정하지 않는 것은 아니나 그렇다고 하여 민간부문인 이들이 파산하면서까지 공익성을 추구할 수는 없기 때문이다. 셋째로는 국민들로 하여금 농업문제를 보는 시각을 왜곡하게 한다는 점이다. '4조 원을 또 투입하는구나'라고 생각했던 국민들이 만약 금년 가을에 쌀 가격이 내려가면 '또 돈만 들였구나'라고 생각할 것이기 때문이다.

[이슈투데이, 2001]

쌀을
어찌하려 하는가

2005년 노무현 정부는 쌀 수매자금이 감축대상 보조금으로 2조 5,000억 원에서 1조 5,000억으로 줄어들었고 쌀수매제도(당시 약정수매제도)가 더 이상 쌀농가 소득지지에 도움이 안 된다는 관변 학자들의 주장을 받아들여 쌀수매제도를 용감하게(?) 중단했다. 그 대신 공공비축제도와 쌀소득안정을 위하여 목표가격과 시가와의 차액 중 85%를 보전하는 쌀소득보전직접지불제도를 동시에 도입했다. 쌀시장개방에 대비하기 위하여 가격경쟁력을 높이고 농가에게는 시장가격하락에 상관없이 목표가격을 설정하여 그 차액을 지급함으로써 소득을 안정화할 수 있는 제도라는 것이었다. 이를 위해 8년간 목표가격을 170,083원(80kg)에 묶어 놓았다.

그러나 8년여가 지난 지금 쌀 가격 경쟁력은 과연 높아졌는

가. 쌀농가소득은 안정화 되었는가. 무엇보다 쌀 자급은 지속되고 있는가. 쌀 생산기반은 유지되고 있는가. 이러한 질문에 대해 불행하게도 그렇다고 답할 수 있는 것이 하나도 없다.

쌀 실질 가격이 하락하였으나 국제 쌀가격과의 격차는 아직도 좁혀지지 않았고, 쌀 농가의 실질소득은 쌀 직불금을 포함하여 2005년에 133,323원(80kg)이던 것이 2011년은 99,359원으로 약 25%나 하락하였다(농협경제연구소). 쌀 자급은 지난해에는 85%로 떨어졌고, 논 면적은 86만ha 수준으로 줄어들었다.

그렇다면 2005년에 도입한 쌀 정책은 한마디로 실패다. 실패한 정책을 지속한다는 것은 정책당국의 직무유기 아닌가. 얼마나 더 쌀 농업이 무너져야 깨닫겠다는 것인가.

최근 정부가 발표한 쌀 목표가격과 고정직불금 인상안을 보면 아예 쌀을 포기하려 작정한 듯하다. 쌀 목표가격을 2.4% 인상한 174,083원으로 4,000원 인상한다는 것이다. 8년 동안 묶어 놓았다가 겨우 2.4% 올린다는 것이 도대체 무슨 의미인가. 고정직불금도 ha당 70만 원에서 80만 원으로 올린다고 하지만 한 가마당 1,587원 오르는 꼴로 한 마가당 가격을 15만으로 가정할 경우 1% 인상에 불과한 것이다.

쌀 실질소득이 지난 8년여 동안 25%가량 줄었는데도 기껏 2~3% 인상한다는 것은 쌀농업 포기정책을 넘어 쌀농업 말살정책이라 할만하다. 크게 기대하지는 않았지만, 박근혜 정부 역시

MB 정부 농정과 크게 차이가 없어 보인다.

그렇다면 대안은 무엇일까. 현실적인 하나의 대안은 목표가격에 생산비 상승분이나 물가상승률을 반영하도록 하고, 고정직불금을 당장 100만 원 이상으로 올리는 방안이 있을 수 있다. 목표가격을 높이면 생산이 과잉이 되어 문제라는 식의 논리는 이미 맞지 않음이 증명되었기 때문이다.

또 하나의 다른 대안으로서는 쌀 농가를 포함하여 전체 농가 수준에서의 소득안정을 위해 가칭 '통합직불제'를 도입하는 방안이 있을 수 있다. 생산기반인 논과 밭을 대상으로 직불금을 지급하는 방안이다. 예컨대 논은 1평당 1,000원(현재 쌀고정직불금은 평당 267원), 밭은 1평당 500원 정도로 일률적으로 지급하는 방안이다. 그럴 경우 논을 약 80만ha, 밭을 약 50만ha로 가정할 경우 3조 1,500억 원 정도의 자금이 필요하게 된다. 문제는 자금인데 의지만 있다면 현재의 감축대상보조금 1조 5000억 원과 가능한 최소허용보조금(De-Minimis) 약 4조 원 중 2조 원 정도를 운용하거나, 아니면 소득보전특별법을 제정하여 기금을 조성하면 가능할 것으로 판단된다.

이때 중요한 것은 농산물 가격은 최대한 시장 기능에 맡겨서 연도별 계절별 변동성을 인정해야 하며, 정부는 물론 생산자나 소비자 모두가 받아들여야 한다. 당연히 농지에 대한 소유구조를 정확하게 파악하여 농지법 위반인 지주에 대해서는 강력한 처벌을 내리고 직불금이 농사를 짓지 않는 지주에게 지불되지 않도록 철저한 대책이 동시에 마련되어야 한다.

이들 두 대안을 중심으로 정부와 농가가 머리를 맞대고 숙의하면 뭔가 새로운 정책전환이 있을 수 있다. 농정 패러다임을 바꾸기만 하면 그렇게 어려운 일도 아니다.

[농정신문, 2013.05.]

쌀 수탁수매 대안은
목표가격 인상이다

정부는 2005년 쌀수매제도를 폐기하고 공공비축제도와 쌀
소득보전직불제를 전격 단행했다. 공공비축제도는 시가매입 시
가방출을 원칙으로 하여 쌀 가격의 하락을 유도함으로써 쌀 가
격경쟁력을 제고하고, 쌀 가격이 하락하더라도 쌀 농가의 소득
안정을 위해 목표가격을 설정하여 시가와의 차이를 보전해 준다
는 것이었다.

그런데 8년여가 지난 지금 현재 쌀 가격은 내려갔고, 쌀의 국
제가격경쟁력은 제고되지 않았으며, 쌀 농가의 소득보전은 이루
어지지 않고 있다. 최근 목표가격 인상을 놓고 정부는 4,000원
만 올리겠다고 강변하면서 쌀소득보전직불제가 쌀 가격 하락의
위험에 대비하는 것이지 농가소득보장정책이 아니라고 강변하고
있다. 목표가격을 올리면 오히려 농가소득이 떨어질 것이라고 농

민을 위하는척한다. 이는 궤변이며 눈감고 아웅 하는 비겁한 태도이다. 목표가격에 생산비나 물가상승률을 반영하지 않으려는 야비한 기만전술일 뿐이다.

예산을 확보하지 못했다면 그것은 정부의 무능이며 쌀 농업의 중요성이나 식량주권의 문제를 인식하지 못하는 철학의 빈곤함을 드러낼 뿐이다. 더군다나 목표가격인상을 요구하는 여야정치인들을 포퓰리즘으로 매도하는 홍보전도 서슴지 않고 있으니 대한민국 정부가 맞는지 의아할 따름이다.

한 수 더 떠서 이제는 아예 수탁수매를 강요하고 나섰다. 수탁수매를 밀어붙이는 것은 정부가 주곡의 수급조절기능을 시장논리에 전부 떠넘기려는 발상이며 그 책임을 농협과 농민에게 전가하려는 꼼수에 지나지 않는다. 쌀 가격을 어떻게 해서든지 낮추어서 쌀 농업을 말살하려는 저의를 드러낸 것에 불과하다.

쌀 수탁수매를 도입하기 위해서는 농가소득안정장치 및 농가와 농협과의 신뢰관계 구축이라는 전제조건이 먼저 충족되어야 한다. 수탁수매는 농가와 농협 간의 합의에 따라 지역별 상황에 맞게 자연스럽게 추진할 사업이지 정부가 강제할 사안이 아니다. 정부는 수탁수매를 확대하기 위해 농협과 농민을 압박할 것이 아니라 농협과 농민이 합의할 경우 시행하도록 하면 된다. 수탁수매 강요를 통해 쌀 정책 실패를 전가하려 해서는 안 된다.

정부는 쌀 생산비를 보전할 수 있는 쌀 목표가격을 현실화시키는 일부터 해야 한다. 쌀 농가소득을 확실하게 보전하는 장치부터 만들라는 것이다. 쌀소득보전직불제가 명실상부하게 쌀 농가소득을 보장할 수 있도록 하는 것이 급선무이다.

[농정신문, 2013.10.30.]

농업문명을 바꿔야
쌀이 보인다

최근 쌀 목표가격인상문제와 관련하여 더 이상 못 올리겠다는 정부의 외고집을 보면서 두 가지가 머리에 떠오른다. 하나는 이 머리 좋은 사람들이 쌀 목표가격이 좀 오른다 해도 쌀 생산량이 무조건 늘어나지 않는다는 것을 너무도 잘 알 터인데 웬일일까 하는 점과 또 하나는 모든 농민들과 여야 국회의원 수십 명이 소위 아우성을 치는데도 꼼작도 하지 않는 정부의 속셈은 무엇일까 하는 점이다. 여러 가지 해석이 가능하겠지만, 근본적으로는 박근혜 정부의 농정철학의 빈곤함과 식량주권에 대한 몰이해, 그리고 농업문명의 전환이라는 시대적 가치를 전혀 인식하지 못하는 몰역사성의 발로이다. 본질적인 문제를 놓치고 있다는 것이다.

인류는 산업혁명 이후 21세기 현재까지 경제성장과 고도의 물질문명을 발전시켜온 것은 사실이나 20세기부터 만연한 신자유주의는 경쟁력지상주의와 물신주의에 의한 인간소외의 현상이 만연하고 있다. 모든 가치의 핵심이 물질이다 보니 물질 이외의 가치에는 관심이 없다. 농산물 무역자유화를 통한 인류의 기아 문제 해결은 요원하여 졌고, 국가 간, 개인 간 소득 격차는 양극화로 고착화되어 가고 있다. 선진국은 자국의 기업이나 국민의 이익에 혈안이 되어 있고 인류 공영의 가치는 사라진 지 오래다.

70억 세계인구 중 제3세계의 인류 50억 명 이상은 식량문제조차 해결하지 못하고 있고 농산물의 국제시장은 다국적 기업이 무역과 유통을 장악하고 있어 매우 불안정한 구조를 가지고 있다. 식량주권이 필요한 이유이다.

비료, 농약, 농기계를 사용하는 고투입, 고에너지 농법이 선진국을 중심으로 아직까지도 성행하고 있고 단작화를 위한 기업식 대규모 영농이 주축을 이루면서 생태계의 파괴는 물론 국제곡물 시장의 왜곡을 초래하고 있다. 중 소농을 살려 농촌의 부흥을 기하고 중 소량 생산의 지역 사회 영농 방식으로 점차 교체되어 농업 부문의 탈석유화가 추진되어야 할 때이다.

또한, 자연 친화적인 정주형 농촌을 복원해야 한다. 도시문명의 무분별한 팽창은 결국 에너지 과소비형 문명이 될 수밖에 없기 때문이다. 시급하고 중요한 것은 농산어촌을 부흥시켜 인구와 산업을 분산하고 경제와 정주 체계에서의 다양성을 높이고 집중도를 낮추는 것이다. 그래야만 향후 예상되는 기후 및 환경 변화에 보다 잘 대응할 수 있다.

농촌 사회를 복원함으로써 식량과 질병 문제에 대응할 수 있는 정주 생활의 다양성을 확보하는 것이 필요하다. 도시화된 사회를 위한 상업적인 대량 생산 체계가 불러온 작물의 단순성을 극복하고 농촌의 부흥으로 농업, 수산업 등 식량 생산에 있어서 다양성을 복원하는 것이 지구온난화로 예상되는 식량위기에 대한 충격을 최소화하는 방안이 된다.

또한, 지배의 문명을 극복하고 협력의 문명을 창출해야 한다. 물신주의에 입각한 경쟁력 지상주의에 의해 초래된 극심한 경제적 불평등은 사회적 정치적 불안정을 초래하며 경제의 효율 자체를 저하시킬 수 있기 때문이다. 산업혁명 이후 인류문명은 풍요로워졌지만 그 풍요로움이 일부 선진국의 것일 뿐 인류 전체의 것이 되지 못한다면 21세기 인류문명은 전환되어야 한다. 농업문명도 마찬가지다.

결국, 지금 우리가 살고 있는 21세기 인류문명, 산업문명, 농업문명은 지속 가능하지 않다는 결론에 도달하게 된다. 농업문명이 왜곡되어 있는 것이다. 이러한 농업문명으로는 미래를 기약할 수 없다. 기후환경변화에 의한 농업문명의 전환과 동시에 신자유주의 세계화에 의한 농업문명의 전환이 함께 동시에 필요한 시대다.

다행스러운 것은 우리의 미래를 기대할 만 하게 하는 새로운 움직임들이 민간차원에서 전 세계적으로 싹이 트고 있으니, 그 것은 작지만 강한 반신자유주의 세계화 운동이 구체적인 형태로 이미 나타나고 있는 농업문명의 전환 움직임이다. 친환경 유기생 태농업, 로컬푸드운동, 학교급식운동, 어메니티 자원의 활용, 귀 농 귀촌 현상의 확산, 슬로우푸드 슬로우시티운동, 지역공동체 운동, 공정무역, 공동체지원농업(CSA), 도시농업, 생활협동조합 운동 등이 그것이다. 이러한 움직임은 지금은 작아 보일지 모르 지만, 인류의 미래를 위해서는 꼭 가야 할 길이며, 지구 전체의 농업 농촌 농민 문제 해결의 가능성을 제시할 수 있는 작은 열쇠 이고 희망이다.

이러한 시대적 역사적 인식이 없이는 왜 쌀 목표가격을 올려 야 하는지가 보이지 않는다.

[농정신문, 2013.11.13.]

패역한 시대와
지도자를 청산해야 쌀이 보인다

왜 이다지도 우리 시대는 쌀의 가치를 인식하지 못하는가에 대한 반성으로 '농업문명을 바꿔야 쌀이 보인다'라는 글을 기고한 적이 있다. 이번 기고는 그 두 번째인 셈이다.

쌀은 누가 뭐라 해도 민족의 뿌리요 식량주권의 핵심이다. 최근 식생활의 다양화로 쌀 생산량이 과거보다는 줄어들었지만 그렇다고 하여 우리의 식문화에서 밥이 빠질 수는 없다. 민족의 문화이기 때문이다. 수천 년, 아니 수만 년이 지나도 크게 변하지 않을 것이 식문화이고, 그 중심에는 당연히 밥이 있음은 불문가지이다.

그럼에도 우리 시대에 왜 쌀이 이렇게 외면받고 있을까. 우리 시대는 한마디로 돈에 눈이 먼 패역한 시대이기 때문이다. 온통 지구를 휘감고 있는 우리 시대의 신자유주의 세계화의 이념은 한마디로 '잘 먹고 잘 살자' 이다. 얼핏 보아 잘 먹고 잘 살자는데 나쁠 거야 없어 보인다. 그런데 문제는 수단과 방법을 가리지 않고, 남이야 죽든 말든, 지구 환경이야 어떻게 되던 잘살고 잘 먹으면 된다는 극히 이기적이고 비인간적인 이념이라는데 문제가 있다.

이러한 패역한 시대의 거대한 조류에 밀려 개도국이나 제3세계 국가들의 농업은 사라지거나 축소되고 있다. 이는 결국 만성적인 식량 부족국가로 전락하게 되었고, 기아와 빈곤의 문제가 전 지구를 뒤덮고 있다. 자연환경의 오염은 각종 질병의 만연으로 농식품의 불안전성은 지구 전체의 위기로 대두되고 있다. 최근의 조류인플루엔자(AI), 광우병 파동, 멜라민 파동, 신종인플루엔자 등에서 보듯 따지고 보면 이러한 현상의 근본적 요인은 인간의 물질에 대한 탐욕 때문이다.

물질 위주의 경제성장은 가치관의 혼란과 민족 문화 생명 자연 환경이라는 본질적 가치를 훼손하고 말았다. 사회 보편적 가치의 혼돈과 인간을 인간답지 못하게 하는 인간소외의 문제를 야기 시켰고, 자본 이외의 가치 즉, 농업 농촌 생태 자연 환경과 인간이 어우러지는 조화와 지속가능성, 인간이 누리는 행복 자긍심 등의 가치는 안중에 없다.

뿐만 아니라 패역한 이 시대의 소위 지도자라는 사람들은 어떤 사람들인가. 쌀이 주권이요, 민족이라는 사실을 조금이라도 이해하고 있을까. 민족과 함께해야 할 소중한 생명산업이요 문화의 근본이라는 것을 이해할 수 있을까. 도저히 불가능한 사람들이다.

그들은 부패했고 천박한 자본의 논리 이외에는 아는 것이 없기 때문이다. 없다기보다 인정하려 들지 않는 사람들이기 때문이다. 공직 후보자라는 사람들을 보면 하나같이 위장전입, 부동산투기, 전관예우, 세금탈루, 다운계약서, 논문중복게제 등을 필수과목으로 이수한 사람들 아닌가. 그러고도 부끄러워하거나 자성하는 사람들은 거의 찾아보기 어렵다. 민족과 국가보다는 개인의 부와 출세만을 지향했던 부도덕한 재력가, 지주, 지식인, 정치인, 공직자 등이 청산되지 못하고 있는 것이 우리 시대가 아닌가.

이렇게 최고지도자들이 국민적 존경과 권위 없이 나라를 다스리는 사이 이 땅의 자본가와 고위 공직자들은 수단과 방법을 가리지 않고 축재에 정신이 없었다. 경제성장이라는 미명 하에 천민자본주의에 기대여 돈과 권력은 유착하였다. 이들에게서 도덕성과 청렴성, 그리고 민족정기나 노블레스 오블리주를 기대할 수 있겠는가. 재벌은 기고만장이고 권력을 가지고 있는 고위 공직자나 퇴임공직자들은 이들에 빌붙어 한 푼 챙기기에 혈안이 되어 있다. 이들 반민주적, 반민족적 인사들이 패역한 이 시대에 수십 년 동안 지도자 행세를 하는 사이 우리의 쌀과 농업과 농민은 철저하게 소외되었고 천시되었다.

이러한 시대적 역사적 인식과 지도층의 청산 없이는 왜 쌀이 주권이며 민족인지가 보이지 않는다. 그러나 이제는 우리의 주권이요 민족의 뿌리인 쌀을 살리고 지켜야 한다. 패역한 이 시대에 저항해야 하고 소위 지도 계층의 부패와 타락에 맞서야 한다. 지배의 문명을 극복하고 협력의 문명을 창출해야 한다.

무엇보다 쌀농사 기반은 우리의 후손들에게 물려줘야 할 소중한 민족의 자산이기 때문이다. 쌀 농업마저 지키지 못한 무능한 선조가 되어서는 안 되지 않겠는가.

[농정신문, 2014.01.27.]

농정은 신뢰가
최우선이다

지난해 정부는 쌀시장을 전면 개방하면서 농민이 동의하는 쌀농업발전대책을 수립한다는 명분으로 '쌀산업발전협의회'를 구성하였다. 쌀시장개방을 강력히 반대했던 전농도 적극적으로 참여하여 4개월여 동안 운용되었다. 구성의 불균형, 정부에 대한 뿌리 깊은 불신 속에서 전농이 쌀산업발전협의회를 완주했다는 것은 높이 평가 할 만했고, 아울러 인내와 포용력을 발휘하며 협의회를 이끌어간 농식품부의 노력도 평가될 부분이다'고 평했다.

그런데 금년 7월 15일 발족한 식량정책포럼은 8월 25일 전농이 탈퇴를 선언하고 몇몇 위원들이 불참을 통보함으로써 파행을 겪고 있다. 식량정책포럼은 정부가 일방적으로 지난 7월 밥쌀용 쌀 수입을 발표하자 관련 농민들의 반발과 전문가들의 문제 제기가 이어지자 농식품부가 농민단체 등에 제안해 만들어진 기구다. 하지만 정부는 식량정책포럼에서의 논의도 없이 밥쌀용 쌀 수입을 먼저 강행하였다. 기왕에 농민을 포함한 전문가와 정부가 참여하는 포럼을 구성하였으면 쌀산업발전협의회 때처럼 그 취지를 살려 신뢰를 쌓고 이해당사자들의 다양한 의견을 반영하는 그야말로 거버넌스의 사례로 발전시켰어야 했다.

거버넌스의 가장 중요한 덕목은 신뢰와 이해이다. 식량정책 포럼의 파행이 의미하는 것은 정부가 스스로 신뢰를 팽개쳤다는 사실이다. 쌀 관세화 개방이라는 커다란 파고를 넘었으니 신뢰나 이해보다는 속도와 정략이 우선이라고 판단했는지 모르겠다. 농정당국은 이럴 때일수록 농민과의 신뢰를 저버리면 안 된다. 농민과 함께할 수 없는 농정과 농정당국은 있을 수 없기 때문이다.

다시 한 번 농정당국이 신뢰회복을 위하여 책임 있는 조치를 취해야 한다. 그래야만 식량정책포럼의 정상적인 운용이 가능할 것이다. 막무가내로 밀어붙여서는 더 큰 시련에 봉착할 것이 뻔하고 제대로 된 쌀 정책이 수립될 리 없다.

어려운 때일수록 농정당국은 거버넌스의 중요성을 인식해야 한다. 그런 측면에서 금번 쌀정책포럼의 파행은 과연 정부가 거버넌스 농정을 펼치려는 의지가 있는지 의아해할 수밖에 없다. 농정당국의 신뢰회복을 위한 분발을 촉구한다.

[농정신문, 2015.09.]

쌀 정책,
패러다임을 바꿔야 한다

최근 쌀 가격 하락세가 멈추지 않고 있다. 지난해 동기 대비 10~20%가량 떨어지고 있다. 정부는 20만 톤을 추가 매입하는 등 이런저런 대책을 내놓지만 허둥대고 있는 모양새다. 농민들의 걱정이 이만저만이 아니다.

이런 현상이 벌어지는 근본요인은 현실과 탁상머리 이론과의 괴리에서 오는 정책패러다임의 오류에 있음을 지적하지 않을 수 없다. 현실적으로 쌀은 시장 기능에 맡겨둘 수 없는 독특한 성격을 가지고 있다. 그것은 식량안보와 식량주권, 다원적 기능, 농지에 대한 국가의 간섭 등 때문이다. 식량안보와 식량주권이 농민을 위한 것이 아니며 농업진흥지역으로 묶어 자본주의의 기본인 사유재산을 내 마음대로 이용할 수 없게 제한하고 있는 것도 농민을 위한 것이 아니라 국가와 국민 모두를 위함이다. 그렇다면 국가는 적절한 대책을 마련해야 하는 것이 논리적으로 옳다. 생산요소인 농지는 소유자 마음대로 이용하지 못하도록 묶어 두면서 생산물인 쌀은 소위 시장 기능에 맡긴다는 것은 말이 안 된다.

그럼에도 우리의 쌀 정책을 보면 철저하게 시장과 민간 기능에 맡기는 정책을 만들어 놓고 있다. 2005년 그동안 60여 년 시행해 왔던 쌀수매방출제도를 공공비축제와 쌀소득보전직불제로 바꾸었다. 공공비축제도는 시가매입 시가방출이 대원칙이며 쌀소득보전직불제도는 시장 기능에 쌀을 맡기되 최소한의 소득을 보장한다는 제도이다. 이는 결국 쌀 가격을 낮추어 개방에 대비한다는 목표가 숨겨져 있다. 소득은 농가가 알아서 하라는 매우 무책임한 제도이다.

결국, 정부는 제도는 시장개입을 하지 않는 것으로 만들어 놓고 실제로는 개입을 하고 있으니 이것도 저것도 제대로 되는 것이 없고 매년 임기응변식의 대책 아닌 대책만을 쏟아 내고 있으니 농민은 물론 유통주체까지도 갈피를 잡을 수 없는 혼돈이 지속되고 있는 것이다. 수매제도를 부활하라는 요구가 나오는 이유이다.

이에 우리는 쌀 정책의 패러다임을 '시장 기능에 맡긴다'에서 '정부가 적극적으로 개입한다'로 바꾸어야 한다고 주장한다. 이를 위해서는 쌀 생산, 유통, 소비, 공공비축, 제도 등 제 분야별로 정부의 개입방법과 시기 등을 정교하게 만들어 매뉴얼을 만들

것을 강력히 주장한다. 농민과 유통주체, 그리고 소비자도 알 수 있도록 매뉴얼을 투명하게 운용하면서 각 주체들의 능동적인 참여와 책임을 적절히 부여해야 한다.

[농정신문, 2015.12.07.]

4부

식량위기와 식량전쟁

식량전쟁의 시대

우리 시대에 회자되는 말 중에는 유독 전쟁이라는 단어가 많이 들어가 있다. 무역전쟁, 자원전쟁, 에너지 전쟁, 환율전쟁, 그리고 식량전쟁 등이 그것이다. 죽느냐 사느냐의 문제인 전쟁에 비유될 만큼 경쟁이 심각하다는 의미이리라. 그중 무역전쟁, 자원전쟁, 에너지 전쟁, 환율전쟁 등은 사실 65억 인구 중 살만한 나라 간의 전쟁이라면, 식량전쟁은 15억의 살만한 나라뿐만 아니라 50억의 못사는 나라까지도 함께 전쟁을 벌여야 하는 그야말로 인류 최대의 전쟁이다.

바야흐로 21세기는 '식량전쟁의 시대'라 단언할 수 있다. 그것은 그럴 수밖에 없는 구조적 요인에 근거한다. 앞으로 식량 공급은 한계에 이르게 되어 있다. 기후환경변화에 따른 이상기후와 사막화 그리고 물 부족 등에 의한 곡물생산의 감소는 앞으로도 나아질 기미가 보이지 않는다. 최근만 하더라도 러시아와 흑해 지역의 130여 년 만의 가뭄, 호주의 폭우, 인도 중국 등 건조 지역에서 급속히 진행되는 농경지의 사막화 등과 같이 식량의 공급 기반은 점차 축소될 수밖에 없게 되어 있다.

수요측면에서 보더라도 연간 7천300만 명의 인구가 증가하고, 중국 인도 등 인구 대국의 경제성장에 따른 폭발적인 농축산물 수요 증가, 특히 동물성 단백질 섭취의 증가는 곡물 소비의 확대로 나타나게 되어 있다. 식량 공급은 줄어들고 소비는 늘어나면서 전 세계 곡물 재고량은 1970년대 중반에는 수요량 대비 30%에서 현재는 절반 수준인 18%에 머물러 있고 더 늘어날 가능성도 없어 보인다. 더군다나 인간의 식량으로 소비되어야 할 곡물이 바이오 에너지 생산을 위해 사용되기도 한다. 미국 옥수수 생산량의 약 30%, 브라질 사탕수수 생산량의 약 50%가 자동차 연료인 에탄올 생산에 사용되고 있다.

농산물 무역자유화 시대라고는 하나 식량수입국들은 관세나 보조금을 낮춰야 하나, 식량수출국들은 자국의 식량사정이 원활하지 않으면 언제든지 수출금지조치를 취할 수 있게 되어 있다. 2008년에는 태국, 베트남 등 세계 1, 2위의 쌀 수출이 쌀 수출을 중단하여 쌀 가격이 10배 이상 폭등하기도 했다. 최근에도 러시아와 우크라이나는 곡물수출을 제한하고 있고, 인도는 설탕과 면화를, 파키스탄은 소맥 수출을 금지하고 있다.

또한, 국제곡물시장은 카길 등 곡물메이저들이 80% 이상의 곡물을 장악하고 있는 독과점적 구조여서 곡물가격의 불안정을 더욱 확산시킬 우려가 매우 크다. 그리고 앞으로 개선될 기미도 없어 보인다.

이와 같이 세계 식량의 수급과 국제곡물시장이 구조적으로 불안정해지자 곡물가격은 급등하였고, 세계 각국은 식량 확보를 위한 전쟁에 경쟁적으로 뛰어들고 있다. 중국이 지난해부터 미국과 남미로부터 각각 옥수수와 대두 수입량을 늘리고 있고, 사우디아라비아와 알제리 등 밀 소비가 많은 아랍권에서는 정부가 나서서 비축량을 늘리고 있으며, 세계 3, 4위 쌀 생산국인 인도네시아와 방글라데시도 쌀 사재기에 나서고 있다.

그렇다면 심각한 식량전쟁의 시대에 살고 있는 우리는 어떤가. 곡물 자급률은 OECD 회원국 중 최하위로서 쌀을 포함하면 약 26.7%, 쌀을 제외하면 5% 미만에 불과하여 2010년 옥수수, 밀, 콩 등 곡물 수입액만도 약 4조 원(약 38억 달러)에 달하며, 농축수산물 전체수입액은 2010년 기준 약 28조 원(257억 원)에 달한다. 세계식량수급이 조금만 원활하지 못하여 가격이 폭등할 경우 우리의 식량안보는 심각한 상황에 그대로 노출되게 되어 있다.

이제 식량전쟁의 시대를 맞이하여 쌀에만 국한되어 있는 비축제도를 밀, 콩, 옥수수 등의 곡물에 대해서도 비축제도를 적극적으로 시행할 필요가 있다. 그리고 우리가 이미 보유하고 있는 논과 밭 등 국내 자원을 최대한 활용하여 식량자급률을 최소한 30% 선 이상으로 제고할 수 있도록 콩, 옥수수, 밀에 대한 가격 지지정책도 적극적으로 검토해야 할 시점이다. 농정의 핵심은 어느 시대를 막론하고 안전한 식량을 안정적으로 공급하는 데 있기 때문이다.

[한경 칼럼, 2011.02.14.]

인류의 식량위기는
과연 오는가

인류의 식량문제를 화두로 꺼내면 우리 사회는 대체로 우리와는 상관없는 남의 얘기쯤으로 간주한다. 다이어트를 하고 건강에 좋은 음식 찾아다니는 현실에서 무슨 소리인지 잘 모르겠다는 반응이다. 그러나 조금만 더 관심을 갖고 세계를 들여다보면 식량문제가 그렇게 단순한 문제가 아님을 알 수 있다.

식량위기의 징후는 물론 제3세계 국가들에서 먼저 드러남은 당연하다. 선진국들은 웬만한 식량위기 징후는 다른 문제들에 묻혀 버리거나 당장에 닥치는 것이 아니라서 드러나지 않을 뿐이다.

2008년과 2010년에는 아프리카와 아시아 대륙의 수많은 제3세계 국가들에서는 아사자가 속출하고 폭동이 일어나 사람이 죽는 등 심각한 식량파동을 겪었고 지금도 겪고 있다. 매년 아사 직전에 있는 인류가 70억 명 중 10억 4천만 명을 넘고 있고 40억 명이 식량문제를 해결하지 못하고 있다. 이에 반해 선진국들은 타국에게는 시장개방을 강요하면서도 앞다퉈 자국의 농업 농촌을 보호하기 위한 정책들을 강화하고 있고 해외식량자원 개발에 적극적으로 나서고 있다. 그야말로 선진국은 선진국대로, 개도국은 개도국대로 미래의 식량문제의 심각성을 인식하고 있다.

세계를 강타하고 있는 이러한 식량파동과 식량위기의 구조적 원인은 일반적으로 수요측면에서는 중국, 인도, 브라질 등 거대 신흥공업국들이 경제가 급격히 성장하면서 축산물의 소비가 늘어나 가축을 사육하기 위한 사료 곡물의 수입수요가 급증하고 있는 점, 공급 측면에서는 곡물재고율이 불과 5년여 사이에 소비량의 약 30%에서 15% 수준으로 절반 가까이 급감한 점, 원유가격의 급등에 따른 곡물생산비 및 운송비 상승, 기후변화에 따른 생산량 감소, 소수의 다국적 곡물메이저가 지배하는 국제곡물시장의 과점적 구조 등을 지적할 수 있다.

세계적 식량난의 또 다른 원인은 농업 농촌의 본질적 가치와 식량안보, 식량주권에 대한 몰이해에서 비롯되는 천박한 경제지상주의의 만연에 근거한다. 농업을 단순히 먹거리를 생산하는 산업 정도로 이해할 뿐 경관을 유지하고, 홍수를 조절하며, 전통문화를 유지 계승하고, 자연과 생명과 인간이 어우러지는 공동체를 유지 하는 기능 즉, 농업 농촌의 다원적 기능과 식량안보, 식량주권과 같은 돈으로 환산할 수 없는 가치는 도외시한 채 경쟁력만을 한 산업의 존립가치로 파악하려는 저급한 철학의 만연은, 가뜩이나 재원이 부족한 이 지구 상의 수많은 제3세계 국가들과 식량수입국들의 농업 농촌을 피폐화시키거나 사라지게 하고 있다.

이와 같이 지금 인류가 겪고 있는 식량위기는 저급한 경쟁력 지상주의와 물질주의, 생명 생태 자연 환경과 같은 지속 가능한 가치에 대한 몰이해에 기인한다. WTO가 출범한 지 16년이 지났건만 인류의 식량문제는 전혀 해결되지 않고 있다. 해결되기는커녕 더 악화되어 지금 세계는 심각한 식량파동을 겪고 있는 것이다.

선진국들은 미래에 닥칠지도 모르는 자국의 식량위기 극복을 위해 혈안이 되어 있는 반면에 개도국이나 제3세계 국가들은 식량위기에 그대로 노출된 채 인간 존엄성의 훼손과 생존권의 위협으로 다가오고 있다.

이제 식량위기는 선후진국 모두에게 닥칠 수밖에 없는 인류 최대의 위기임이 틀림없다. 미국. EU 등 농산물수출 선진국들은 농산물 시장의 무조건적인 개방만을 강요할 것이 아니라 각국의 식량주권, 식량안보, 농업 농촌의 다원적 가치를 존중해야 한다. 그래야만 인류 전체의 식량문제 해결방안이 보이기 시작하고, 인류와 생명과 생태와 환경이 함께 조화를 이루는 지속 가능한 문명의 유지 발전이 가능하다.

[아시아경제, 2011.05.30.]

'식량전쟁'에 대비하라

한미FTA 비준문제로 나라가 시끄러운 사이 지난 10월 31일 기점으로 지구 상의 인류는 70억 명을 넘어섰고, 2025년에는 80억 명을 넘어설 것으로 예측되고 있다.

이제 21세기의 미래는 에너지 자원 전쟁을 넘어 '식량전쟁의 시대'로 접어들게 되어 있다. 그것은 그럴 수밖에 없는 구조적 요인에 근거한다. 기후·환경변화에 따른 이상기후와 사막화 그리고 물 부족 등에 의한 곡물생산의 감소는 앞으로도 나아질 기미가 보이지 않는다. 최근만 하더라도 러시아와 흑해 지역의 130여 년만의 가뭄, 호주의 폭우, 인도 중국 등 건조 지역에서 급속히 진행되는 농경지의 사막화 등과 같이 식량의 공급기반은 점차 축소될 수밖에 없게 되어 있다.

수요측면에서 보더라도 연간 7천300만 명의 인구가 증가하고, 중국 인도 등 인구 대국의 경제성장에 따른 폭발적인 농축산물 수요 증가, 특히 동물성 단백질 섭취의 증가는 곡물 소비의 확대로 나타나게 되어 있다. 식량 공급은 줄어들고 소비는 늘어나면서 전 세계 곡물 재고량은 1970년대 중반에는 수요량 대비 30%에서 현재는 절반 수준인 18%에 머물러 있고 더 늘어날 가능성도 없어 보인다. 더군다나 농업 강국들은 인간의 식량으로 소비되어야 할 곡물을 바이오 에너지 생산을 위해 사용하기도 한다. 이는 국제 식량사정을 더욱 악화시킬 것이 뻔하다.

국제곡물시장은 카길 등 곡물메이저들이 80% 이상의 곡물을 장악하고 있는 독과점적 구조여서 곡물가격의 불안정을 더욱 확산시킬 우려가 매우 크다. 거기에다가 식량수출국들은 자국의 식량사정이 원활하지 않으면 언제든지 수출금지조치를 취할 수 있게 되어 있다. 2008년에는 태국, 베트남 등 세계 1, 2위의 쌀 수출이 쌀 수출을 중단하여 쌀 가격이 10배 이상 폭등하기도 했다. 최근 러시아와 우크라이나는 곡물수출을 제한했다.

이렇게 심각할 수밖에 없는 식량전쟁의 시대를 살아가야 할 우리는 어떤가. 칠레, EU, ASEAN 등 모두 8건에 57개국과 FTA를 발효시켰고, 한미FTA는 비준 중에 있으며, 캐나다, 멕시코, 호주 등 7건(12개국)의 FTA를 진행 중이며, 일본, 중국, 이스라엘 등 10건(17개국)의 FTA를 준비하거나 연구 중에 있다. 이 모든 FTA는 농업부문의 피해를 강요한다는 측면에서 중장기적으로 한국 농업, 농촌, 농민의 해체적 위기임은 물론 결국 식량주권의 확보는 요원해질 것이 자명하다.

  이제 우리 시대의 성장만능주의와 농업 농촌 농민 홀대 패러다임을 바꿔야 한다. 각종 FTA가 국가를 살리는 것이 아니라 미래의 식량전쟁에서 패망할 망국적인 작태임을 명심해야 한다.

[농정신문, 2011.11.04.]

세계적 식량난,
어떻게 극복할 것인가

최근 옥수수, 콩은 약 2배, 밀은 약 3배, 쌀은 약 4배 이상 국제곡물가격이 폭등하여 아프리카와 아시아 대륙의 수많은 국가들에서 아사자가 속출하고 폭동이 일어나 사람이 죽는 등 심각한 식량파동을 겪고 있다. 세계를 강타하고 있는 이러한 식량파동의 원인은 어디에 있을까. 일반적으로 수요측면에서는 중국, 인도, 브라질 등 거대 신흥공업국들이 경제가 급격히 성장하면서 축산물의 소비가 늘어나 가축을 사육하기 위한 사료곡물의 수입수요가 급증하고 있는 점, 공급 측면에서는 곡물재고율이 불과 5년여 사이에 소비량의 약 30%에서 15% 수준으로 절반 가까이 급감한 점, 원유가격의 급등에 따른 곡물생산비 및 운송비 상승, 기후변화에 따른 생산량 감소, 소수의 다국적 곡물메이저가 지배하는 국제곡물시장의 과점적 구조 등이 지적되고 있다.

이러한 일반적인 원인 규명에 동의하면서도, 보다 근본적인 요인은 '농업경시풍조'와 '비교우위에 입각한 무차별적 농산물 시장 개방'이라는 신자유주의 이념의 심각한 부작용에서 찾을 수 있다. '경쟁력'이라는 기술적 잣대만으로 모든 것을 판단하려 드는 경박함이 한 국가 안에서도 소위 경쟁력이 없다고 판단되는 산업과 사람은 그 존립 근거를 찾지 못하고 무조건 퇴출로 내몰리고 있다. 비싼 국내 농산물 보다는 싼 해외 농산물을 수입하면 소비자 후생이 늘어난다는 단순한 경제논리가 전가의 보도처럼 판치고 있다. 환언하면 경쟁력 지상주의 철학이 만연하면서 제3세계 국가들의 농업생산기반은 점차 사라져 가고 있다. 신자유주의 개방철학이 지속된다면 식량을 공급할 수 있는 여력을 가지고 있는 나라는 선진국에 국한될 수밖에 없게 되어 있다.

세계적 식량난의 또 다른 원인은 농업 농촌의 본질적 가치와 식량안보, 식량주권에 대한 몰이해에서 비롯되는 천박한 경제지상주의의 만연에 근거한다. 농업을 단순히 먹거리를 생산하는 산업 정도로 이해할 뿐 경관을 유지하고, 홍수를 조절하며, 전통문화를 유지 계승하고, 자연과 생명과 인간이 어우러지는 공동체를 유지 하는 기능 즉, 농업 농촌의 다원적 기능과 식량안보, 식량주권과 같은 돈으로 환산할 수 없는 가치는 도외시한 채 경쟁력만을 한 산업의 존립가치로 파악하려는 저급한 철학의 만연은, 가뜩이나 재원이 부족한 이 지구 상의 수많은 제3세계 국가들과 식량수입국들의 농업 농촌을 피폐화시키거나 사라지게 하고 있다.

또한, 선진 농산물수출국들의 이중성과 자기 이익 실현이다. 그것은 다름 아닌 곡물을 이용한 바이오 에너지생산이다. 미국의 경우 연간 옥수수 에탄올 생산을 위하여 생산량의 약 30%인 7,000만 톤을 에너지용으로 사용하고 있다. 자기 나라에서 생산된 곡물을 식량으로 사용하든 에너지용으로 사용하든 간섭할 일이 아닐지도 모르겠다. 그러나 거대 곡물수출 선진국들은 자유무역을 하고 농산물 시장을 개방하면 마치 세계 기아문제나 식량의 안정적 확보가 더 쉬워지고, 전 인류의 후생이 높아져 수출입국 모두에게 이익인 것처럼 세계무역기구(WTO)나 자유무역협정(FTA) 등을 통하여 끊임없이 농산물 수입국들의 시장을 열도록 압력을 가해 왔다. 그러다가 지금에 와서 그들이 생산한 곡물을 식량이 아닌 에너지용으로 전환하는 것은 비도덕적일 뿐만 아니라 정의롭지 못하다. 따라서 선진국들의 곡물을 이용한 바이오연료 개발과 보조금 지불 정책을 멈춰야 한다. 바이오연료 개발이 선진국의 에너지 확보를 위해서는 필요한지 모르나 세계적인 식량난의 중요한 원인 제공자인 선진 농산물 수출국들이 세계 식량공급의 역할을 충실히 해야만 세계 식량문제 해결에 기여할 수 있기 때문이다.

뿐만 아니라 미국, 유럽연합(EU) 등 선진국은 천문학적인 액수의 보조금을 농업에 보조하면서 수입국이나 개도국 농산물 수출국에게는 무차별적인 관세인하나 보조금 축소를 강요하고 있다. 정작 선진국들은 보호주의 경향을 고수해 오고 있다. 그 결과 수입국이나 제3세계 국가의 농업은 사라져 가거나 이미 사라지고 있다. 따라서 선진국들은 보조금 지급을 중단하여 진정으로 자유무역을 하게 하든지 아니면 개도국이나 제3세계 국가들의 농산물시장개방을 부도덕하게 강요해서는 안 된다. 그러나 최근 EU는 오히려 관내 농민들에 대한 보조금 지급을 확대할 것을 주장하고 나섰으며, 미국과 같은 나라도 자국의 농업보호와 농가소득안정을 위해 보조금을 감축할 계획은 없다. 이러한 선진국의 이중적인 행태가 세계 식량난을 더욱 부채질하고 있음은 자명하다. 따라서 식량문제의 해결을 위해서는 선진 농산물 수출국들의 이중적인 태도를 버려야 한다.

그 밖에도 최근 세계적 식량난 해소의 한 대안으로 유전자조작농산물(GMO)을 거론하기도 한다. 과연 GMO는 세계 식량문제와 기아 문제를 해결할 수 있을까. 또 인체 및 생태, 환경에 절대적으로 안전한가. 사실 GMO 농산물은 인류와 환경 생태계에 대재앙을 가지고 올지도 모른다. 그러나 GMO 생산 농업 관련 기업이나 선진국들은 인류의 만성적인 기아문제를 해결할 수 있는 중요한 수단이라고 항변한다. 해충과 잡초에 강하고 생육환경이 좋지 않은 척박한 땅에서도 잘 재배될 수 있는 GMO 작물을 개발하면 수확량을 증가시켜 식량위기를 극복할 수 있는 최선의 방법이라는 것이다. 과연 그럴까. 이들이 설사 유용한 GMO 품종을 만들었다고 하더라도 이 종자나 농산물을 식량이 부족한 제3세계 국가들에게 무상으로 제공할 리가 만무하고 그런 경우도 없다. 대표적인 사례가 '황금쌀(Golden Rice)'이다. 이 황금쌀은 유전자 조작에 의하여 비타민A를 첨가한 기적의 쌀이라서 기아와 영양실조 문제를 해결할 수 있다고 선전해 왔으나 이 쌀은 이 지구 상의 어떤 나라에서도 현재 재배되지 않고 있다. 특허를 가진 다국적 농업 관련 기업들이 자신들의 지적 재산권을 인정한 국가에만 관련 기술을 이전하겠다고 버티고 있기 때문이다. GMO 농산물과 종자를 개발하는 다국적 농업 관련 기업과 선진국은 다수의 곡물수입국들의 국내 농업을 피폐화시키거나 GMO 농산물로 전환케 하여 궁극적으로는 국제곡물시장을 장악하려는 검은 의도를 폐기처분을 해야 한다.

이상과 같이 국제곡물가격 폭등에 의한 식량위기의 문제는 단순히 수급의 문제가 아니라, 저급한 경쟁력 지상주의와 물질주의, 생명 생태 자연 환경과 같은 지속 가능한 가치에 대한 몰이해와 선진 식량수출국들의 비열한 이중성이 문제이다. WTO가 출범한 지 13년이 지났건만 식량문제는 전혀 해결되지 않고 있다. 해결되기는커녕 더 악화되어 지금 세계는 심각한 식량파동을 겪고 있는 것이다. 그것도 선진국들은 크게 영향을 받지 않고 있는 반면에 개도국이나 제3세계 국가들은 인간 존엄성의 훼손으로, 기본적인 생존권의 위협으로 다가오고 있다. 선진 농산물 수출 국들은 하루빨리 이중적이고 기만적인 농산물시장 개방만을 강요하지 말고 각국의 식량주권, 식량안보를 존중해야 한다. 그래야 세계적인 식량문제의 해결방안이 보이기 시작하고, 인류와 생명과 생태와 환경이 함께 조화를 이루는 지속 가능한 문명의 유지 발전이 가능하기 때문이다.

[월간시조, 2008.06.]

농지를 소홀히
하지 말라

금년 새해 벽두부터 정부는 가뜩이나 한칠레자유무역협정
(FTA)이니 쌀 재협상이니, DDA 협상이니 하는 국제협상이 줄지
어 서 있어 불안감과 자괴감을 넘어 극단적인 저항으로 솟구치
는 농민들의 아픔과 고민을 뒤로 한 채, 농민과 농촌을 위한답시
고 맞지도 않는 논리를 내세우며 농지문제를 거론하고 나섰다.
앞으로는 농지의 전용을 쉽게 하고 도시민도 농지를 900평까지
는 소유할 수 있게 하며 농업진흥지역 내에도 농산물 판매시설
및 가공시설의 설립을 허용한다는 것 등이다.

폭등하던 집값을 잡아 부동산 경기가 침체되니까 내수가 위
축되므로 땅이라도 풀어 부동산 경기 활성화를 통해 내수를 진
작시키자는 것인가. 시중의 부동자금을 투기화하여서라도 경기
를 활성화해 보자는 것인가. 대외협상을 어떻게 잘할 것이며 협

상 결과에 어떻게 적절히 대응할 것인가에 대한 국민적 공감대 형성과 농민들의 이해를 촉구하는 데 총력을 기울여도 부족할 이 시급한 상황에서 농지문제를 들고 나오는 정부의 저의는 과연 무엇인가.

정부가 표방하고 있는 농지규제완화의 목적을 보면, 개방화 시대에 영농규모를 늘리고 도시 자본을 농촌으로 끌어들여 농촌에 활기를 불어넣겠다는 것과, 값싼 외국쌀이 들어와 쌀 가격이 폭락하면 농지가격도 폭락하기 때문에 미리 농지를 정리할 기회를 주겠다는 것, 그리고 농지는 농민의 가장 큰 자산이기 때문에 농민들의 자산가치를 지켜주겠다는 것 등으로 요약할 수 있을 것이다.

그런데 과연 그런가. 도시 자본이 농촌으로 들어오면 농촌이 활기를 띠게 되는가. 그보다는 오히려 농업을 업으로 하는 농민은 사라지고 온통 투기장으로 전락할 우려가 불을 보듯 뻔하다. 지금도 온갖 탈법과 불법으로 토지거래가 판치고 있고, 농민 이외는 농지를 소유할 수 없게 되어 있음에도 위장전입, 필지 분할, 저당권 설정 후 경매, 제3자 증여 등 온갖 불법과 편법으로 농지의 상당량을 도시민(부재지주)이 소유하고 있는 상황에서 농지규제를 완화한다는 것은 이들 부재지주에게 면죄부를 주는 꼴이 되고 만다. 이는 또 다른 사회적 갈등요인이 될 수밖에 없다.

농민들의 자산가치가 떨어지는 것을 방지하겠다는 것도 문제를 매우 평면적으로 파악하는 탁상공론에 불과하다. 농지에 대한 규제를 풀면 대도시 근교의 농지는 지가가 상승할지 모르지만, 그 밖의 대부분의 농지 가격은 오히려 폭락할 우려가 크다는 것이 대부분 전문가들의 견해이다. 이렇게 될 경우 지가가 상승한 지역의 농민들과 폭락한 지역의 농민들 간의 위화감과 이로 인한 사회적 혼란은 누가 책임질 것인가.

무엇보다 중요한 것은 농지규제완화조치는 어떠한 미사여구를 쓰더라도 결국 의식적이든 아니든 한국농업을 포기하려는 저의를 숨기지 않으려는 용감한(?) 발상이라는 점을 당국은 명심해야 한다. 먼 훗날 우리의 후손들로부터 농업 농촌을 포기한 정부라는 불명예를 지지 않기를 바란다. 그리고 차라리 농지를 갈아 엎어 버리고 농업은 이제 끝내자고 나서는 것이 더 솔직하지 않을까 싶다. 역사와 민족 앞에 부끄럽지 않은 신중한 접근을 기대해 본다.

[세계일보 시론, 2004.01.19.]

식량위기,
정부가 할 수 있는 역할을 먼저 하라

최근 국제곡물가격의 폭등으로 국내자급기반이 취약한 우리로서는 농식품가격의 상승이 우려되고 있다. 그러나 그렇다고 하여 당장 식량위기 상황을 극복할 수 있는 묘안이 있는 것은 아니다. 하루아침에 곡물자급률이 높아지는 것도 아니고 국제곡물가격을 낮출 방법도 없다. 수십 년 동안 소위 수출주도형 공업중심의 성장전력과 농업 농촌 문제에 대한 몰이해로 우리의 농업 농촌이 축소되고 중소 농을 거의 죽여 놓고 지금에 와서 식량위기니 식량안보니 하며 대안을 찾는다고 호들갑을 떠는 정부와 관변학자들을 보면 의아하기까지 하다.

지난달 29일 러시아에서 열린 아시아−태평양 경제공동체(APEC) 재무장관 회의에서 박재완 기획재정부장관은 곡물가격 급등에 대응한 역내 공조 강화를 촉구했다. 뿐만 아니라 이명박 대통령은 다음 달 16일 로마에서 열릴 예정인 G20 '신속대응포럼'을 위한 정상회의에서 국제 곡물가격 안정을 위한 G20 차원의 국제 공조를 적극적으로 제기한다는 것이다. 한편 농식품부는 G20, APEC 등 국제기구에서 식량위기 해소를 위한 논의를 주도해 바이오 연료용 곡물사용 제한과 수출제한 금지 등을 촉구하고 있다. 정부는 오는 2021년까지 해외 곡물 700만t을 확보하고 해외 곡물도입 기반을 강화한다고 법석을 떨고 있다.

우리는 이러한 정부의 식량위기 대처 상황을 바라보면서 그저 한심하다는 생각밖에 안 든다. 그것은 우리가 할 수 있는 근본적인 대책은 제대로 시행하지 않으면서 남의 나라들 보고 이러쿵저러쿵 설득력이 없기 때문이다. 내가 할 수 있는 것을 먼저하고 남에게 요구하는 것이 순리이다. 나는 하지 아니하고 남에게만 요구하는 것은 소아적 유치한 발상에 불과하고 그야말로 냉엄한 국제식량정치경제를 전혀 이해하지 못하는 순진한 발상일 뿐이다. 식량수출국들 보고 수출을 금지하지 말 것을 요구한다거나 곡물가격을 낮추라는 요구 등은 국제곡물시장 구조상 있을 수 없는 일이고 정부 차원에서 얘기한다고 되는 일이 아니다. 국제곡물시장에서의 수급과 가격결정은 각국의 정부보다는 곡물메이저들의 손안에 있기 때문이다.

물론 정부는 현재 밀, 콩의 자급률을 높이기 위한 방안들을 제시하고는 있다. 문제는 이러한 목표만 설정한다고 되는 것이 아니라 좀 더 적극적으로 미래의 식량위기 상황을 전제로 우리의 논, 밭, 초지, 임야를 적극적으로 보전하고 활용할 수 있는 방안을 찾는 것이 최우선이여 한다. 마구잡이로 농지를 훼손하고 전용하면서 타국보고 이래라저래라 하는 것은 사리에도 맞지 않고 실현 가능하지도 않기 때문이다.

[농정신문, 2015.]

아시아 국가들의
식량위기 상황

　지난해 세계적인 곡물가격의 폭등은 특히 쌀을 주식으로 하는 아시아 대륙의 많은 국가들에게 심각한 충격을 주었다. 1톤당 200달러였던 쌀 가격이 2008년 초부터 1,000달러를 넘어서자 많은 아시아 국가들이 심각한 식량위기를 겪게 되었고 정치적 사회적 불안으로 이어졌다.

　세계 최대 쌀 수입국이며 쌀이 주식인 필리핀 정부는 식당에서 제공하는 쌀밥을 절반으로 줄이도록 의무화했고 맥도날드 같은 패스트푸드 체인점에서는 쌀밥을 절반으로 줄이라는 지침을 내렸다. 지난해 쌀 부족분 180만~210만 톤을 수입하는 것도 타이나 베트남이 수출을 금지하고 있어 여의치 않자 빈민층을 중심으로 치솟는 쌀값에 대한 불만이 고조됐다. 한편 농지를 주택지나 골프장 용지로 전환하는 것을 당분간 금지하기도 했다.

인도네시아에서는 2008년 1월에 국제 콩값이 최고치를 기록하자 식품회사들은 공장 가동을 중지했고 노동자들은 항의 시위를 벌였다. 방글라데시에서는 주식인 밀가룻값 급등으로 공급이 부족해지자 서민경제가 더욱 불안해졌다. 인도의 경우 '녹색혁명'으로 1970년대 이후 식량 수입의존도를 대폭 낮췄지만 2년 전부터 상황이 악화되어 6년 만에 밀을 수입하는 등 극심한 식량 부족 사태를 겪고 있다. 파키스탄은 1980년대에 중단한 식량배급카드 제도를 다시 도입했다.

중국은 2008년 초에 쌀을 비롯한 주요 식량의 수출제한에 들어갔다. 중국의 경우 개혁·개방 이후 공업화가 급진전되면서 쌀과 밀, 옥수수, 콩(대두) 같은 주요 곡물의 경작지 면적이 계속 감소한 반면 식량 수요가 증가하면서 수급 상황이 악화되고 있다. 세계 최대의 쌀 생산국인 중국에서 쌀이 품귀현상을 보이며 가격이 급등하고 있는 것은 운송난과 쌀 사재기, 중국 정부의 관리 소홀이 겹쳤기 때문이었다. 세계 곡물파동이 확대되면서 거대 곡물생산국인 동시에 수요국인 인구 13억 명의 중국은 지금까지는 식량을 대부분 자급해 세계시장과 큰 영향을 주고받지 않았다. 그러나 쌀, 콩 같은 일부 곡류는 중국 내 수요 증가가 국제가격 폭등으로 이어졌다. 2008년 들어서는 소비자물가가 급등하고 국제 시장의 곡물가격이 치솟으면서 안팎으로 가격 상승 압력을 받고 있었다. 이에 따라 중국 정부는 '2008년 중국식량시장전망회의'를 열고 곡물가격 안정 및 식량안보상황 긴급점검에 나서기도 했다.

이러한 식량위기는 걸프 지역의 산유국도 예외가 아니다. 2007년에 농산물 가격이 평균 30% 이상 급등한 아랍에미리트연합(UAE) 정부는 이를 진정시키기 위해 2008년에는 주요 식품의 가격상한제를 도입했고, 가장 많이 소비되는 인도와 파키스탄산 바스마티 쌀의 가격을 145디르함(39㎏ 기준, 40달러)으로 제한했고 계란, 닭, 생수의 소매가 상한선을 정했다. 정부가 정한 상한선 이상으로 판매하다가 적발되면 1만 디르함(2,723달러), 사재기를 하면 2만 디르함(5,446달러)의 벌금을 부과하기도 했다.

예멘에서는 2008년 식량폭동이나 시위가 잇따랐다. 설상가상으로 원유 가격이 상승하면서 지역경제가 호황을 맞자 인구가 급속히 유입한 탓에 식량 수요가 크게 늘어난 데다 달러화의 약세로 수입품 가격이 오르는 바람에 걸프 지역의 식량난이 가중되었다. 에너지시장에서는 칼자루를 쥐고 있지만 식량안보 면에선 취약한 걸프 지역 산유국의 또 다른 모습이다.

지금까지 30억 명 이상의 인구가 살고 있는 아시아 대륙의 식량위기 상황을 주요국을 중심으로 살펴봤다. 이러한 식량파동은 아시아, 아프리카 등 가난한 나라 서민들에게 치명적이다. 식량파동은 결국 이 나라들의 생존의 문제로 귀결된다. 특히 아시아 국가들은 쌀 전쟁의 위험으로까지 내몰리고 있다.

[농정신문, 2009.]

식량위기의
근본적 원인

아시아 국가들이 최근 겪는 식량위기의 원인은 여러 가지가 있을 수 있으나 가장 먼저 지적할 수 있는 것은 이들 국가들의 정책 실패에 있다. 이제껏 아시아 국가는 경제성장을 우선한다며 제조업 위주 성장정책을 최우선시했던 반면, 농업·농촌에 대한 투자와 지원정책에는 소홀했다.

그동안 아시아 국가 정부들의 농업정책은 생산량을 늘리거나 경작농지를 확보하려 하기보다는 사회 불안을 피하기 위해 농산물 가격만을 낮추는 한편, 이에 대한 농민들의 불만을 가라앉히기 위해 보조금을 지급하는 데에 급급했다는 것이다. 2008년 UN아시아태평양경제사회이사회(UNESCAP)의 보고서에 따르면 아시아의 농업경시정책이 빈부 격차를 더욱 심화시킨 것으로 나타났다. 1980년대 2.5%, 1990년대 2.2%였던 농업 생산성은

2000~2002년 기간에 1%까지 떨어졌는데, 이에 따라 세계 빈민층의 3분의 2인 6억 4,100만 명의 빈민층이 아태 지역에 분포하며 이 중 70%가 농촌 지역에 거주한다. 결국, 이 지역들에서 식량파동이 발생하는 것은 제조업 위주의 경제성장과 농업·농촌 부문에 대한 투자·지원정책이 미흡했기 때문이라는 분석이 지배적이다.

그렇다면 왜 이들 국가들이 제조업 중심의 경제성장을 추구할 수밖에 없었는가. 아시아 국가들이 농업·농촌 부문을 소홀히 하게 된 본질적인 원인은 WTO 체제가 추구하는 농산물시장의 완전 개방이며, 선진국 주도의 국제 농산물시장의 왜곡이다. 제조업 중심의 경제성장정책을 최우선으로 하는 반면 비교우위 논리에 따라 가격 경쟁력이 떨어지는 국내 농산물보다는 값싼 외국 농산물을 수입하면 될 것이라는 선진국의 농산물시장개방논리를 여과 없이 받아들인 대가이다.

[농정신문, 2009]

아시아 국가들의
식량안보 확보방안

    이제 아시아 각국은 물론 지구촌 전체의 식량문제 해결을 위해서는 무엇보다 선진 농산물 수출국들은 농산물시장 개방만을 강요하지 말고 하루빨리 각국의 식량주권과 식량안보를 존중해야 한다. 개방화와 세계화 논리를 그대로 받아들인 식량수입국, 즉 대부분의 아시아 국가 및 제3세계 국가는 진퇴유곡의 어려움을 맞이하고 있다. 1995년 WTO 체제가 출범한 지 14년이 지난 2009년 현재 인류의 식량 문제는 전혀 해결되지 않고 있다. 해결되기는커녕 더 악화되어 이들 국가들에게는 식량파동이 생존의 위협으로 다가오고 있기 때문이다.

    또한, 선진 농산물 수출국들은 자국의 천문학적인 액수의 농업보조금을 삭감해야 한다. WTO 체제가 자유무역을 통한 식량 문제 해결을 주창했으나 미국과 EU 같은 선진국은 천문학적인 액수의 보조금을 지급하면서 사실상 자유무역을 시행하지 않았다. 수입국이나 개도국 농산물 수출국에는 무차별적인 관세인하나 보조금 축소를 강요하면서 정작 선진국들은 보호주의 농업정책을 고수해왔다. 그 결과 수입국 및 제3세계 국가의 농업은 사라져 가거나 이미 사라졌다. EU는 농민에 대한 보조금 지급을 확대할 것을 주장하고 나섰으며, 미국도 자국의 농업보호와 농가소득 안정을 위해 보조금을 감축할 계획은 없다고 천명했다.

이와 같이 선진 농산물 수출국들은 더 이상 자국의 농업만을 위하여 보조금을 지급할 것이 아니라 식량부족국에 대한 체계적인 지원에 나서야 한다. 인도적 차원의 원조도 필요하겠지만, 그보다 더 근본적으로는 낙후된 농업기술 발전을 위해 이들 국가들에 대한 기술지원과 농업생산 기반 구축에 적극적으로 나서야한다. 그것이 궁극적으로 인류의 평화를 유지하는 길이고 선진국과 후진국 모두에게 유익한 길이다.

무엇보다 식량위기 상황에 빠진 아시아 국가들은 공업을 통한 경제성장에만 몰두할 것이 아니라 농업의 중요성을 더욱 크게인식하여 최대한 농경지를 확보하고 농업 생산성을 높이기 위한투자에 나서야 한다.

[국제식량위기포럼 발제자료, 2009]